ブックデザイン　渡辺美知子

目次

本文図版作製　高木真木

はじめに

「アベノポリシー」。この言葉は私の造語です。その意味するところは、典型的には「安倍政権が新たに始めた、あるいは始めようとしている政策」ですが、「従来の自民党政権時代から続いているものであっても安倍政権の下で変えようとしていない政策」を合わせた諸政策のことです。その特徴は、軍事重視・対米従属の外交・安保政策、格差拡大につながる経済・財政政策（通称「アベノミクス」）、治安強化・人権軽視の社会・人権政策、戦前回帰の教育政策・家族政策などにあります。これらの政策の中には、安倍政権以前の歴代自民党政権でも同様の傾向が見られていましたが、安倍政権で特にその傾向が強まっているものもあります。

本来、アベノポリシーを含め国の行方を左右する政策については、十分な政策論議がなされるべきです。しかしながら、元々、私たちの国では、「政治」と言えば政局や選挙が中心的な話題であって、政策論議は話題の脇役に止《とど》まっていましたから、アベノポリシーに対する議論は十分とは言えません。マスコミでも、政策に対する国民の関心が低い（つまり、読もう、見ようとする人が少ない）ことから政策に関する奥深い報道はあまりありません。マスコミの記者も、政策を勉強するのには時間がかかるので、手っ取り早い政局的話題を追いかけようとしていますし、安倍政権の顔色を伺《うかが》っているのか、安倍政権の「政策」を批判的に取り上げることには及び腰になっているように思えます。

他方、政治家の方に目を転じると、「血統」や「家柄」に魅《ひ》かれる日本的風土の中で選ばれた「世襲政治家」が政界の主要なポストを占め、それらの世襲政治家は、先代あるいは先々代の政治家の枠内か延長線でしかモノを考えることができずにいるため、政策論議が深まることは期待できません。特に、最近の安倍政権下の「一党独裁」ならぬ「一強多（他）弱」と言われる政治状況の下では、十分な政策論議を経ることなく決定（採決等）が行われるという事態が頻発《ひんぱつ》しています。

このような状況は、私たちの国では、元来、権力者にとって都合の悪い情報が抑え込まれたり、あるいは、権力者にとって都合の良い情報が意図的に流布《るふ》されたりという、マスコミにおける暗黙の情報操作によって、あまり疑問を持たれることなく推移して来ました。しかも、昨年12月に「特定秘密保護法」が施行されたことで、政府が、厳罰化された法律によって保護される「特定秘密」を指定し、公然かつ強権的に国民にその情報に接触させなくすることができるようになりました。これによって、情報が操作される状況はさらに拍車がかかってくるでしょう。

今、以上のような状況の下で、長期自民党政権の下で形成、あるいは維持されてきた時代遅れの（あるいは、世界の潮流に外れた）政策が安倍政権下でも「当たり前の政策」として存続し続けたり、新たに進められているリスクの高い政策が「日本の安全や発展をもたらす政策」として国民に大きな抵抗感なく受け入れられるという傾向が強まってきています。もちろん、「アベノポリシー」の全てが間違っているとは言いませんが、私たちは、「当たり前の政策」や「日本の安全や発展をもたらす政策」と思われている政策「アベノポリシー」が、真に、国民に幸せをもたらす最善のものであるのか、いろいろな観点に立って考えていかなければなりません。

私は、大学で法律を学び、１９７６年に大蔵省（現在の財務省）に入り、同省を中心に外務省、内閣法制局などの中央省庁で22年余勤務した後、２０００年に衆議院議員になりました。このような経験から得た私の政策的スタンスは、言わば「ハト派」であり、「国家主義」や「守旧派」に対峙する意味で「リベラル派」であると思っています。また、私の目指そうとする国家像を一言でいえば「思いやりの国・日本」であり、実現したい政策の基本的考え方は「一人一人の個性と自主性を大切にし、お互いに支え合っていく社会を目指す」ことにあります。この立場からも、「アベノポリシー」には疑問を感じるものが多くあります。

２００９年９月に民主党政権が誕生した後、私は、内閣府副大臣兼国家戦略室長、総務副大臣、法務大臣等を経験しました。本書は、政治家浪人中に働いた弁護士としての経験も含め、私自身が立法、行政、司法という国権の三権の中に身を置いた経験を踏まえ、その時々に遭遇した「アベノポリシー」（安倍政権が維持又は実現しようとしている政策）に関して、どのような問題があり、どのように考えていくべきなのか、あるいは、どのような対案があり得るのかを皆さんに御紹介し、今後の政策論議に資《し》していきたいと思います。

第1部は、「世界の平和と日本の安全を創るために」と題し、特に、①安倍政権の下で進められている集団的自衛権の解釈改憲の誤り、②今まで放置されてきた日米地位協定の問題、③これまでの自民党政権が進めてきた核軍縮への取り組みのゴマカシ、④安倍政権の「積極的平和主義」に代わるべき「真の平和創造への道」などについて触れます。

第2部は、「日本経済と地域経済の再生に立ち向かう」と題し、特に、①現在の長期不況に対しアベノミクスに代わるべき正しい経済政策のあり方、②膨大な借金を抱える日本財政再建の進め方、③地域再生のための経済政策のあり方、④原発を含むエネルギー問題への取り組み方などについて触れます。

第３部は、「日本の治安と市民の人権を守る」と題し、特に、①国際的組織犯罪防止条約に規定する「共謀罪《きょうぼう》」のわが国での創設問題、②世界の潮流に反して死刑制度を聖域化する日本社会の問題、③「取り調べの可視化」の導入問題、④国際的にも要請されている「人権救済委員会」の設置問題などについて触れます。

第4部は、「リベラルな市民社会の創造に向けて」と題し、①靖国神社参拝問題、②安倍政権の教育介入問題、③家族制度を巡る諸問題などについて触れます。

第1部から第4部までに展開した私の主張が今すぐに実現できるものとは考えていませんが、しかし、理想を掲げその理想に向かって一歩ずつでも前に進むことが大事だと思います。読者の皆様からのご叱正を期待しております。

2015年6月

平岡秀夫

第1部　世界の平和と日本の安全を創るために

第1章 「集団的自衛権の行使」容認は「平和国家・日本」を壊す

潰《つぶ》れゆく「平和国家・日本」というブランド

わが国は、戦後、平和憲法の下で、「諸外国間で起こる武力紛争に軍事的介入をせず、かつ、諸外国を敵と味方に区別していくことをしない」という「国のあり様《よう》」を培《つちか》ってきました。そのための努力を「創業者」（日本国憲法の制定にかかわった政治家や国民）とそれに続く「創業二代目」（日本国憲法の下で非軍事的手段によって国際的貢献を進めてきた政治家や国民）が積み重ね、「平和国家・日本」というブランドを獲得して来ました。

2014年7月1日に安倍内閣が行った集団的自衛権に関する憲法解釈の変更をする閣議決定は、この「国のあり様」を本質的に変えるものです。

日本政府は1954年の自衛隊発足以来、自国を守る個別的自衛権の武力行使に限って認めてきました。しかし、安倍政権が閣議決定した政府見解では、「新3要件（①わが国に対する武力攻撃が発生した場合のみならず、わが国と密接な関係にある他国に対する武力攻撃が発生し、これによりわが国の存立が脅《おびや》かされ、国民の生命、自由及び幸福追求の権利が根底から覆《くつがえ》される明白な危険がある場合において、②それを排除し、わが国の存立を全うし、国民を守るために他に適当な手段がないときに、③必要最小限度の実力を行使すること）」を満たせば、憲法上、個別的自衛権のみならず、集団的自衛権による武力行使も可能としました（集団安全保障による武力行使については、安倍首相は否定していますが、新しい政府見解の論理立てからすれば、可能となる場合があり得そうです。）。

私たちは、軍事力行使を前提とする「力による均衡の世界」ではなく、「協調と共存の世界」という「世界のあり様《よう》」を目指すべきです。このような「国のあり様」と「世界のあり様」は、一朝一夕にできるものではありません。しかしながら、戦国時代を経た日本が「戦《いくさ》」のない日本になり、戦争を繰り返してきた欧州がEU（欧州連合）としてまとまってきた歴史を見る時、私たちは、決して理想を失ってはならないし、理想に逆行する方向の道に進んではなりません。

集団的自衛権の行使容認は、わが国が目指すべき「国のあり様」と「世界のあり様」を変えてしまいます。私には、「創業三代目」が、創業者たちが長年の努力で積み重ねてきた「平和国家・日本」のブランドを潰《つぶ》してしまおうとしているように見えます。

憲法第9条を無意味にする憲法解釈変更

安倍内閣は、2014年7月1日、「国の存立を全《まっと》うし、国民を守るための切れ目のない安全保障の整備について」と題する閣議決定を行いました。そして、その中で、これまでの憲法解釈では「行使することができない」とされてきた「集団的自衛権」の行使を認める憲法解釈を下しました。

「集団的自衛権」について、政府（防衛省）のホームページでは、以前は次のように説明していました。

「①国際法上、国家は、集団的自衛権すなわち『自国と密接な関係にある外国に対する武力攻撃を、自国が直接攻撃されていないにもかかわらず、実力をもって阻止する権利』を有しているとされている。

②わが国が、国際法上、このような集団的自衛権を有していることは、主権国家である以上当然である。

③しかしながら、憲法第9条の下において許容されている自衛権の行使は、わが国を防衛するため必要最小限度の範囲にとどまるべきものであり、他国に加えられた武力攻撃を実力をもっ

て阻止することを内容とする集団的自衛権の行使は、これを超えるものであって、憲法上許されないと考えている。」

集団的自衛権の是非が論じられた時、個別的な事例が提示され、それらの事例の是非が検討されました。例えば、「米軍艦船と自衛隊艦船が並走している状況で、米軍艦船が武力攻撃を受けた時に、自衛隊艦船は米国艦船を守らなくてよいのか」といった事例です。

しかし、このような議論の進め方は、問題の本質を見失うこととなりかねません。また、「集団的自衛権については、よくわからない」という国民が相当数おられますが、それは、あまりにも技術的・専門的な議論が行われているからです（別の見方をすれば、国民の目をごまかすための手口なのかもしれません）。

各事例の検討は他の機会に譲りますが、ここで重要なことは、安倍内閣の集団的自衛権行使容認は、前述したように、本質的にわが国の「国のあり様」を変更するものであり、さらには、憲法第9条の第1項（戦争の放棄《ほうき》）のみならず、同条第2項（戦力の不保持）をも意味のないものにしてしまうものである、ということです。

集団的自衛権の本質は「他衛権」

一つのエピソードをご紹介しましょう。集団的自衛権に関する閣議決定後の2014年8月

22日、自民党の高村正彦・副総裁は、都内で行った講演会で、「(現行憲法の下で)集団的自衛権行使は丸々駄目というのは論理の飛躍だ。必要最小限というのであれば(そもそも認められるので)、形式的には解釈変更ということになるが、実質的には解釈変更に当たらない」と強調したそうです。(同月23日付朝日新聞)

しかし、この説明は、「集団的自衛権の行使」問題の本質を理解しない説明です。問題の本質は、「日本国憲法は、諸外国の間で起こる武力紛争(国際的紛争)にわが国が軍事的な介入をすることを認めておらず、わが国が武力攻撃を受けた場合にのみ自らを守るための武力行使を認めている」との考え方を変更するのか否かという点にあるからです。

この点に関し、坂田雅裕・元内閣法制局長官は、2014年8月2日に行われた山口市内での「政府の憲法解釈と安倍政権」と題する講演の中で、「集団的自衛権の本質は、他国間の武力紛争に、武力介入・武力行使をすることである」として、集団的自衛権は、個別的自衛権と本質的に性格が違うことを説明されました。私が作った川柳に「自衛権　集団的なら　他衛権」というのがありますが、私たちは、何よりも、この本質の違いをシッカリと見極めなければなりません。

そして、「集団的自衛権を認めるか否か」の本質は、単に自衛隊の活動範囲を拡大することになるとか、自衛隊員のリスクが高まるとか、ということにとどまりません。冒頭で述べた、戦後70年にわたってわが国が築きあげてきた「平和国家・日本」のブランドを喪失してしまってよいのかという問題であると共に、わが国が目指すべき「国のあり様」を「国際紛争に武力をもって対処していくような国に変えてしまってよいのか」という問題なのです。つまり、一内閣の閣議決定によって変えてよい問題ではなく、憲法改正手続きを経るなど、国民的議論が行われるべき問題なのです。

「自衛隊」から「軍隊」への変質

別の言い方をすれば、２０１４年7月1日の閣議決定は、「戦争の放棄《ほうき》」を定めた憲法第9条第1項だけではなく、憲法第9条第2項（「戦力の不保持」）の存在を無視して、本物の「戦力」を保持することになるものです。

憲法第9条第2項は、「陸海空軍その他の戦力は、これを保持しない」と規定し、「軍隊」や「戦力」の保持を禁止しているため、これまでの憲法解釈では、「憲法上認められているのは『自衛隊』までである」とされてきました。

すなわち、「自衛隊は、自衛権発動3要件［①わが国に対して急迫不正の侵害があり、②他に取るべき手段がない時には、③必要最小限の実力をもってその侵害を阻止する」の下で行動し得る『自衛のための必要最小限度の実力組織』（防衛省見解）として憲法上も認められる」

と解釈してきたのです。

新しい憲法解釈では、「集団的自衛権」の下で認める実力行使（この場合は、どこから見ても「武力行使」です）は、これまでの自衛権発動3要件の下での行動を質的にも量的にも超える行動です。つまり、新しい憲法解釈の下で「集団的自衛権の行使」に基づいて行動する組織は、「自衛隊」ではあり得ず、明確に「軍隊」であり「戦力」になってくるのです。

2015年3月22日の参議院予算委員会で、安倍首相は自衛隊のことを「わが軍」と呼びました。いろいろ言い訳したように、ついウッカリでの発言かもしれません。しかし、安倍首相の意識の中では、すでに「自衛隊」は「軍隊」になっており、「自衛隊」をできるかぎり「普通の軍隊」に近づけて行きたいと思っているのです。

こんな問題を残して「集団的自衛権の行使」を憲法解釈の変更で認めてしまうのは、筋違いです。憲法改正の対象となる内容（「軍隊を保有して、集団的自衛権の行使を行う」という内容）の是非はともかく、憲法改正問題として正面から議論すべき問題です。

十分な論議の上で「王道」を行くべき

そもそも、これまでの政府の憲法解釈で認めてきた個別的自衛権（わが国に対する武力攻撃がある時に、それに反撃する権利）ですら、憲法第9条の文理解釈ではその容認が困難であるため、「憲法全体の趣旨」から無理矢理、自衛権発動3要件（①わが国に対して急迫不正の侵害があり、②他に取るべき手段がない時には、③必要最小限の実力をもってその侵害を阻止する）の下での行使を認めるというかたちで、これまで40年以上にわたって政府が強固に維持してきたのです。

その憲法解釈を変えたにもかかわらず、安倍首相は「現行の憲法解釈の基本的な考え方は、今回の閣議決定においても何ら変わることはない。」と言い張って、平静を装っています。実際には、集団的自衛権の行使を認める閣議決定を行うことに、安倍首相は非常にこだわっていたはずなのに、です。

集団的自衛権の行使を認める閣議決定についてまず問題とすべきは、十分な論議が行われていないことです。高村・自民党副総裁は「私の経験では、かつて一つの閣議決定をこれだけ慎重にしたことはない」と反論しますが、本来、閣議決定だけで行ってはならない内容のことについて「解釈改憲」を行っているのですから、全く反論になっていません。

また、菅官房長官は、「限定的に集団的自衛権を行使することについては、過半数を超える国民の支持を戴いている」と言いましたが、国民の過半数の支持が本当に得られていると思うなら、「立憲主義」に反することとなる閣議決定による「解釈改憲」ではなく、正式な憲法改正手続きの下で憲法改正を行うのが筋です。

この点に関し、坂田・元内閣法制局長官は、前述の講演の中で、「韓国は、米国から集団的自衛権の行使の要請を受けて、ベトナム戦争に32万人の兵士を送り、数千人の死者を出した。集団的自衛権の行使を認めることは、そのような事態に対する覚悟も要ることである。法治国家として、立憲主義に則り、憲法改正の手続きの中で国民にその覚悟を問うべきなのだ」と批判しています。

それにもかかわらず、憲法を改正しないで、憲法解釈の変更で集団的自衛権の行使を認めようとするのは、正に「憲法を無視する」、「憲法秩序を破壊する」ことに他なりません。安倍首相が、信念をもって「集団的自衛権の行使が必要である」と主張するなら、堂々と、憲法改正という「王道」を歩むべきです。それが、安倍首相自らが目指している「闘う政治家」(安倍晋三著『新しい国へ　美しい国へ　完全版』文春新書　2013)というものでしょう。

「集団的自衛権」と「集団安全保障」の関係

「集団的自衛権」の問題を考えるにあたって、よく似た言葉として「集団安全保障」という概念がよく出てきますが、両者の違いについて理解しておく必要があります。

一般的には、「集団的自衛権」とは、「自国と密接な関係にある外国(例：米国)に対する武力攻撃を、自国(例：日本)が直接攻撃されていないにもかかわらず、実力をもって阻止する権利」と言われます。他方、「集団安全保障」とは、「国連の参加国がどこかの国から武力攻撃を受けた時、国連の他の参加国が協力してその武力攻撃に対抗していこうとする安全保障の方式」と言われます。

両者の関係をもっと知るために、２０１４年7月20日のＮＨＫ「日曜討論」でのやり取りを例にします。

この番組に出演した首都大学東京の木村草太《きむらそうた》・准教授は、「ホルムズ海峡に敷設された機雷《きらい》に対しては、集団的自衛権に基づいて、武力行使である機雷掃海《そうかい》を行うことが可能である」とする安倍政権の主張に対し、「今回閣議決定された『自衛権発動新３要件』を満たす限り、わが国は集団安全保障でも武力行使を行うことができるのか」と指摘しました。

これに対し、小野寺五典・防相（当時）は、「集団安全保障では、わが国は武力行使できない。集団的自衛権に基づいて機雷掃海を行っている時に集団安全保障の措置が取られても、機雷掃海は、集団的自衛権の行使として行われる」と説明したのです。

しかし、小野寺防相のこの説明は間違いです。すなわち、国連憲章（第51条）では、個別的自衛権や集団的自衛権が行使可能なのは、「安保理が……必要な措置をとるまでの間」に限られています。つまり、集団安全保障の措置がとられたら、集団的自衛権に基づく武力行使（機雷掃海等）は止めなければならないのです。もしその武力行使（機雷掃海等）を続けようとするならば、集団安全保障の措置として行うことになります。防衛大臣であった小野寺五典・衆議院議員ですら、両者の関係を正確に理解していないことが露呈してしまったのです。

この点について、もっと突っ込んだ議論を聞きたかったのですが、残念ながら、NHKの島田解説委員は、小野寺防相の立場をおもんばかってか、別の話題に移ってしまいました。

「確立した憲法解釈」へのごまかし

安倍内閣は、2014日7月1日の閣議決定前までは、「憲法第9条の下において許容されている自衛権の行使は、わが国を防衛するため必要最小限度の範囲にとどまるべきものであると解しており、集団的自衛権を行使することは、その範囲を超えるものであって、憲法上許されないと考えている」（国会議員の質問主意書に対する1981年5月の内閣の答弁書と同旨）と答弁してきました。

これに対し、2013年7月14日のNHK番組で、自民党の石破茂・幹事長（当時）は、政府が「保有するが行使できない」と憲法解釈する集団的自衛権について、「現行憲法で行使が否定されていると考えておらず、行使は論理的に可能だ。『憲法上、認められない』という答弁を政府側がしたことは一度もない」と発言しました。しかし、自民党防衛族の中でも理論派と言われる石破氏のこの発言は、以下に説明する通り、有権者を欺《あざむ》こうとしているとしか思えません。

なぜなら、政府の答弁書での答弁は前記の通りであり、また、国会での政府(「内閣の法律顧問」と言われる内閣法制局長官)の答弁でも、「個別的自衛権は持っているが実際に行使するに当たっては、非常に幅が狭い。ところが、集団的自衛権については、全然行使できないのでゼロである」(1981年6月衆議院法務委員会)との答弁があるからです。

石破氏は、「質問主意書に対する答弁書は、国会での答弁ではない」とか、「政府の答弁は、内閣法制局長官の答弁であって、閣僚の答弁ではない」とか言いたいのかもしれません。しかし、質問主意書に対する答弁書は、一閣僚がその責任においてする国会での答弁とは違って、内閣が閣議決定を行って最終確定させるべき権威あるものです。このような事実関係を捻《ね》じ曲げて、自分たちの主張に都合のよいように説明するのは、政策通の石破氏らしくない発言だと思います。

憲法解釈の最高責任者は首相ではない

また、安倍晋三首相は、2014年2月5日の参院予算委員会で、集団的自衛権について「その行使が認められるという判断も、政府が適切な形で新しい解釈を明らかにすることで可能だ。憲法改正が必要という指摘はあたらない」と述べ、憲法9条を改正しなくても政府解釈の変更で行使が可能との考えを改めて示しました。

さらに、同月12日の衆院予算委員会でも、憲法解釈を巡って「（質問者が）内閣法制局長官の答弁を求めているが、最高の責任者は私だ」と答弁して波紋を広げました。翌日の自民党総務会では、村上誠一郎・元行革担当相が「首相の発言は、選挙で勝てば憲法を拡大解釈できるとする問題発言だ」と批判するなど、多くの議員から批判が相次いだそうです。なぜなら、「憲法解釈の最高の責任者は私だ」という安倍首相の答弁は誤っているからです。

では、「憲法解釈の最高責任者」は誰なのでしょうか。実は、それは首相でもなく、国会でもなく、最高裁判所です。憲法は、「最高裁判所は、一切の法律、命令、規則または処分が憲法に適合するかしないかを決定する権限を有する終審裁判所である」（第81条）と規定しています。

内閣法制局は、「法の番人」と言われていますが、実は、それは「内閣における法の番人」に過ぎません。内閣が国会に提出する法案、内閣が制定する命令（政令等）、内閣が行う処分等が、憲法に適合しているのかを、内閣において予防的に判断しているにしか過ぎないのです。なぜ、そんなことを内閣法制局がしているかと言うと、裁判所が、内閣が行う前記の種々の行為を「違憲」として無効としたり、取り消したりすると、法的安定性を阻害することになるので、内閣が行動する段階であらかじめチェックしているのです。

最高裁判所がどのような判断をするか（判決や決定を下すか）を予測し、内閣としての判断をしていくという作業は、首相ができるものではなく、法律の専門家集団である内閣法制局が行うべきものです。安倍首相はその点を全く理解していなかったのでしょう。

安倍首相は、自らの一連の答弁は独りよがりのものであり、憲法を理解せず、内閣や裁判所の仕組みを知らずにいることを猛省すべきだ、と私は思います。

全体像を示せば逆に「リスク」が理解される

2014年7月1日の閣議決定後、こんな話もありました。約2カ月経った8月22日、高村正彦・自民党副総裁は、前述の講演会で「来年の通常国会で全法案が出る。全体像を示して審議すれば、多くの国民の理解が得られる。法律が通る頃には50％以上が支持してくれる」との見通しを示したのです。

しかし、本当に「国民が支持してくれる」でしょうか。同日、山口県岩国市内で私たちが街頭でアンケート（集団的自衛権の行使について、「賛成」・「反対」・「わからない」を問うアンケート）を取ったところ、数少ない「賛成」と回答した人たちの中に、岩国地域に駐屯《ちゅうとん》する自衛隊隊員の奥様方がおられました。

夫婦仲が悪いから「賛成」しているのではありません。その奥様方は、「今は、自衛官である夫たちが海外に行った際、十分な武器が使えない。集団的自衛権の行使が認められると十分な武器が使えるようになるので、集団的自衛権の行使に賛成する」と、夫の身の安全を心配して答えたのです。

しかし、この答えは、誤解から生じています。現在自衛官が海外に出て行っているのは、集団的自衛権が行使される場面ではありませんし、むしろ、安倍内閣の閣議決定では、これまで自衛隊が活動していた場所が安全な場所（いわゆる「非戦闘地域」、「後方地域」等）に限られていたのに対し、もっと危険な場所での活動を認めようとしています。

同年7月14日に行われた国会の集中審議で岡田克也衆議院議員などが、しつこく「自衛隊や自衛隊員のリスクが高まることをちゃんと認めるべきだ」と追及しても、安倍首相は答えませんでした。安倍政権が考えていることの実態を知れば知るほど、高村副総裁の期待に反して、自衛官の奥様方は、自分たちの夫がより危険にさらされていくことに気づくことになるでしょう。

解釈改憲に突き進む安倍首相の手口

安倍首相は、集団的自衛権行使の容認のための解釈変更を行う閣議決定をするため、様々な禁じ手を使ってきました。最大の禁じ手は、２０１３年8月2日に行った異例の内閣法制局長官人事だと思います。それまで全く内閣法制局勤務経験のなかった外務官僚の小松一郎氏を内閣法制局長官に任命したのです（小松氏は２０１４年6月23日に逝去され、後任には、内閣法制局長官人事の通例にしたがって横畠裕介氏が内閣法制次長から昇格しました）。

内閣法制局は、「内閣の法律顧問」であり、「内閣における法の番人」という専門性に富んだ組織です。だからこそ、その長官には、これまで一定の経験と訓練を積んだ人が任命されるのが通例であったのに、この通例をひっくり返したのです。

その職務性に適した人であるならば、「任命の通例に従うべき」と言うつもりはありません。しかし、この人事は「憲法で禁止されている」と一貫して政府が答弁してきた「集団的自衛権の行使」について、それを認めるべきであるとあからさまに主張してきた人を「異例の人事」で内閣法制局長官に任命することによって、憲法解釈の変更を実現しようとしたものだったのです。

憲法解釈として確定していたものを、自己の都合によいように変更しようとするのは、憲法や法規範に対する国民の信頼性を失わせるだけではありません。憲法９条の解釈改憲は、各国の安全保障政策に影響を与える問題であることから、海外から疑念を持たれるおそれのある問題でもあるのです。

捻じ曲げられた内閣法制局長官人事から生じた混乱

小松一郎氏が内閣法制局長官に任命されてから、さっそく、新・旧内閣法制局長官の考え方が違っていることが表面化しました。

小松長官の前任者である山本庸幸氏は、２０１３年8月の最高裁判事就任時の記者会見で、「何らかの法規範が現状に合わなくなったら、その法規範を改正するのが一番クリアカットな解決だ。集団的自衛権を実現するには、憲法改正をした方が適切だし、それしかない。（憲法改正を）するかどうかは国会と国民のご判断だ」と発言しましたが、これは、至極当たり前の発言内容です。

これに対し、菅義偉・官房長官は、山本氏が憲法改正の必要性に言及したことに対し「極めて違和感を感じる」と批判したのです。「違和感を感じる」のは、むしろ菅氏の発言の方です。菅氏は、真っ先に、憲法第99条（憲法尊重擁護義務）を読むべきです。憲法第99条には「天皇または摂政及び国務大臣、国会議員、裁判官その他の公務員は、この憲法を尊重し擁護する義務を負ふ。」とあるのです。国務大臣たる菅氏は、安倍政権が、現行憲法の確定的な解釈を変更して（憲法解釈を捻《ね》じ曲げて）憲法を台無しにしてしまおうとしていることに気付くべきです。

一方、小松氏は、「内閣法制局が最終決定権を持つかのような誤解が世間にはある。最終的には内閣全体として結論を出していく」と言いました。これでは、憲法解釈の最終決定権が内閣にあると誤解しているのではないかと疑いたくなります。繰り返しますが、法令や処分が憲法に適合するかしないかを決定する権限を有するのは、あくまでも最高裁判所です。

新・旧内閣法制局長官の発言を聞いていると、改めて、内閣法制局長官として相応《ふさわ》しい人材がどのような人材であるのかを考えてみる必要があるでしょう。立憲主義や法治国家を成り立たせるためには、やはり、「権力者の意に沿わないことでも、言うべきことは言う」という存在が必要です。

歯止めのかからない閣議決定の内容

2014年7月1日の閣議決定「国の存立を全うし、国民を守るための切れ目のない安全保障の整備について」のうち、集団的自衛権に関する重要な部分は次のようになりました。

【憲法9条の下で許容される自衛の措置】

わが国に対する武力攻撃が発生した場合のみならず、わが国と密接な関係にある他国に対する武力攻撃が発生し、これによりわが国の存立が脅かされ、国民の生命、自由および幸福追求の権利が根底から覆される明白な危険がある場合において、これを排除し、わが国の存立を全うし、国民を守るために他に適当な手段がないときに、必要最小限度の実力を行使することは、従来の政府見解の基本的な論理に基づく自衛のための措置として憲法上許容される。（中略）
わが国による「武力の行使」が国際法を順守して行われることは当然だが、国際法上の根拠と憲法解釈は区別して理解する必要がある。憲法上許容される「武力の行使」は国際法上、集団的自衛権が根拠となる場合がある。

多くの論者が指摘する通り、この閣議決定文の傍線部分は、これまで政府が個別的自衛権の行使を憲法解釈上認めるために使った論拠を悪用したものです。しかも、この傍線部分に該当するケースとしてどのようなものがあり得るのか全くもって疑問です。

法制的に考えれば、「集団的自衛権の行使」による武力行使を認めるための法整備は、抽象的な表現の規定にとどまらざるを得ず、その規定にしたがって行われる具体的ケースの特定は時の政権が判断するという仕組みとなります。

報道によれば、この仕組みの下で、政府は、集団的自衛権の行使容認が必要だとして与党に示していた「邦人輸送中の米輸送艦の防護」、「米国に向かうミサイルの迎撃」、「強制的な停船検査」、「武力攻撃を受けている米艦の防護」、「米本土が武力攻撃をうけ日本近隣で作戦を行う米艦防護」、「有事に弾道ミサイル発射を警戒する米艦防護」、「国際的な機雷掃海活動への参加」の8事例全てを実施可能とする意向です。ということは、政府は、これらの8事例が全て傍線部分に当たるケースだと考えていることになります。

しかし、この8事例は、多くの有識者が「そもそも、現実的にあり得ない事例であったり、個別的自衛権の行使や警察権の行使で対応可能な事例である」と指摘している事例です。これらの事例について、政府の一方的な説明にごまかされないように注意する必要があります。

時の政府が決める武力行使

また、２０１４年7月14日の衆議院予算委員会の集中審議において、安倍首相は「中東有事で石油輸送が閉ざされると、中小企業の倒産や失業という状況で国民生活が根底から揺さぶられる可能性がある」という旨、岸田外相は「米国からの要請を断る時には、日米同盟関係を根底から覆し、わが国の存立を危うくする可能性がある」という旨の答弁をし、それぞれのケースで集団的自衛権の行使の可能性を認めています。理論的にあるいは法律上「集団的自衛権を行使できる場合があり得る」としてしまえば、後は、時の政府の裁量に任されてしまうという危険性を感じます。

安倍首相や岸田外相の答弁のような「風が吹けば桶屋《おけや》が儲《もう》かる」というような屁理屈ではなく、他国への武力行使であっても、「わが国の存立が脅かされ、国民の生命、自由および幸福追求の権利が根底から覆される明白な危険がある場合」が、果たしてあり得るのでしょうか。言葉遊びでごまかされないように注意する必要があります。

「集団的自衛権」容認への茶番劇

安倍晋三首相は、2014年5月15日、自ら設置した「安全保障の法的基盤の再構築に関する懇談会」（略称「安保法制懇」）から「集団的自衛権行使を容認すべき」とする報告書の提出を受け、その後の記者会見で、行使の限定容認に向け、憲法解釈変更の「基本的方向性」を表明しました。

いかにも、「優れた識見を有する有識者達が真剣な議論を経て報告書を作り、その報告書を首相が権威のあるものとして受け取った」振りをしていますが、実態は、「首相と同じ考え方を持った人たちだけを自分勝手に集めて、ろくすっぽ議論もさせずに官僚たちに指示して報告書を作らせた」ものです。

いかにも、「首相は、権威のある報告書に対しても、その報告書で示された提言よりもさらに抑制的な内容の『基本的方向性』を示した」振りをしていますが、実態は、「とりあえず、抑制的な内容の『基本的方向性』を示して一旦議論をまとめさせるが、次なる段階での解釈拡大を実現することを目指していこうとする」ものです。

安倍首相とその周辺のこれまでの一連の経過を振り返ると、何か「茶番劇」を見させられているような気がします。そして、その茶番劇の筋書きを描き、演出をし、主役を演じているのが安倍首相です。そんな茶番劇に付き合わされている国民は、観客に止《とど》まっているだけでは済まされず、いずれ当事者になるかもしれません。

この茶番劇の主役を演じる安倍首相が、当日の記者会見で見せた演技も小道具も、論理で納得させていこうというよりも、視覚に訴え、情に訴えようとするものでした。「赤ん坊を抱えた母親が危険にさらされている」かのような絵を描かせて、情緒に訴えました。ところが、そのような危険な事態がなぜ生じ得るのか、そのような事態に現行制度で対処できない理由は何なのか（本当に集団的自衛権の行使ができないからなのか）、を何ら説明しませんでした。

「集団的自衛権」の活動範囲はいずれ拡大する

安倍首相や安保法制懇が、集団的自衛権の行使として例に挙げるもののうち、現実的にあり得そうなものは、「個別的自衛権」（わが国が武力攻撃を受けた場合に反撃する権利）の行使や、警察権の行使（例、海上保安庁の活動）で説明できると指摘されています。

また、安倍首相は、集団的自衛権行使容認の閣議決定に伴う法改正（法改悪）の中止を求める野党質問に対し、「政府としては、閣議決定で示された基本方針の下、切れ目のない安全保障法制の整備を進めていく。」（2015年1月18日参院本会議）と答弁しています。

この「切れ目のない安全保障法制」とは、一体何でしょうか。①「警察権の行使」の枠内での活動、②「個別的自衛権の行使」の枠内での活動、及び③「警察権の行使」と「個別的自衛権の行使」との間での活動に関して不十分な点をカバーしていく法制度の整備をするのであれば、「切れ目のない安全保障法制の整備を進めていく」という安倍首相の答弁も理解できます。しかし、「個別的自衛権の行使」の枠を超えて活動するための「安全保障法制」の創設は、「切れ目のない」という言葉で説明されるべきものではなく、「外に向かって拡大していく」ものです。

このように、安倍首相は一貫して、「集団的自衛権の行使」という言葉を使うことにこだわり続けています。なぜでしょうか？

その最大の理由は、「アリの一穴」を目指しているからだ、と私は思います。「とにかく、今回は、どんな活動であっても集団的自衛権の行使の範疇《はんちゅう》に入るものとして認めることが最優先だ」と考えているのです。それは、後述するように、安倍首相の祖父である岸信介・元首相に対する思いがあるからでしょう。「祖父は、安保条約の改定をした。私は、集団的自衛権の行使が認められるようにした。」と言って、後世に名を残したいと考えているのです。そのためには、まず「個別的自衛権」と「集団的自衛権」の垣根（仕切り）を取り外し、その後徐々に、「集団的自衛権」の領域で行うことが可能とされる活動の範囲を拡大していこうとしているようにしか、私には見えません。

集団的自衛権を認める3つの理屈

そのため、安保法制懇や自民党で集団的自衛権問題の取りまとめ役となった自民党の高村副総裁ら安倍首相周辺では、「集団的自衛権」を何が何でも認めようとする理屈がいろいろと考えられてきました。どんな理屈が検討されてきたか、ここで振り返ってみましょう。

第1は、砂川事件の1959年12月の最高裁判決を根拠としようとした動きです。砂川事件とは、東京都砂川町（1963年に立川市に編入）にあった米軍基地の拡張に対して地元住民や支援の労働組合員・学生らによって展開された闘争をめぐって、警官隊との衝突で流血騒ぎになった事件です。強制収用の測量の際にデモ隊のうち7名が起訴され、憲法と日米安全保障条約の関係も問われました。

高村副総裁は、砂川判決が「必要な自衛のための措置をとりうることは、国家固有の権能の行使として当然」と判じ、その判決の中では「個別的自衛権」と「集団的自衛権」の区別がされていないことを根拠にして集団的自衛権の行使容認の根拠にしようとしたのです。

しかしながら、この点について、宮崎礼壹・元内閣法制局長官は、「判決が（個別的自衛権に）限定していないから集団的自衛権を容認しよう、という議論は聞いたことがない。」と言っていますし、砂川判決後の政府見解や国会審議でも、高村副総裁のような主張は展開されたことはありません。このように「古証文」（北沢俊美・元防衛大臣）に基づく主張でしたが、結果的には、この理屈が閣議決定の筋立てに基本として採用されています。

第2は、「集団的自衛権の行使」の要件を限定することによって容認しようとする動きでした。報道によれば、内閣法制局は、集団的自衛権の行使要件を「放置すれば日本が侵攻される場合」などに限定した案を内々取りまとめていたそうです。この動きが最終的には公明党の方針に沿うものに取りまとめられて、閣議決定されています。

しかし、この内閣法制局の案は、従来からの見解を大きく転換するものと受け止められています。これまでのわが国の自衛権発動3要件は、その一つとして「わが国に対して急迫不正の侵害がある場合」を掲げていました。この部分が、結局「わが国に対する武力攻撃が発生した場合のみならず、わが国と密接な関係にある他国に対する武力攻撃が発生し、これによりわが国の存立が脅かされ、国民の生命、自由及び幸福追求の権利が根底から覆される明白な危険がある場合」となったのです。この問題点はすでに書いたとおりです。

第3は、憲法9条第1項が規定する「国際紛争」の定義を変えようとした動きです。憲法第9条第1項が武力行使を禁じる「国際紛争」について、それを、全ての国際紛争ではなく、

「日本が当事者である国際紛争」に限定して解釈しようとするものでした。例えば、日本の領土問題などが絡まない国際紛争に対処する多国籍軍なら参加できることにしようとしたわけです。

しかしながら、わが国が多国籍軍に参加して武力行使をする事態に至れば、それ以前は「日本が当事者である国際紛争」ではなかった国際紛争が、正に、「日本が当事者である国際紛争」になってしまいます。とんでもない御都合主義の憲法解釈としか言いようがなく、結局採用されることはありませんでした。

元内閣官房副長官補の証言

安倍首相の集団的自衛権へのこだわりについて、元内閣官房副長官補の柳澤協二氏（元・防衛庁官房長、防衛研究所長）が、次のように言われたのを私は聞いています。この話は、2014年9月20日に山口県岩国市内で行われた「安倍政権と集団的自衛権―迷走する集団的自衛権と日本の安全保障・民主主義」と題する講演会の中で出たものです。

「安倍晋三と岡崎久彦（元駐タイ日本国大使）との著書『この国を守る決意』（扶桑社　2004）の中で、安倍首相は、『日米安保条約を堂々たる双務性にしていく』『軍事同盟は血の同盟。米国が攻撃された時に血を流さなければ完全なイコール・パートナーとは言えない。』と言っている。安倍首相の主張は、論理ではなく、岸・元首相の60年安保での双務性を意識した『情念』に由来するものだ。安倍首相の説明には論理性がなく、今や、迷走状態だ」。

柳澤氏は、安倍首相のこだわりに関して、次のような逸話も紹介してくれました。これからもわかるのは、安倍首相の周辺にいる人たちは安倍首相のこだわりに不感症となって来ているということです。

「安倍政権の高官（政治家）に、『柳澤さんは、自民党政権時代に安全保障・防衛政策を担当する政府高官であったのに、なぜ、自民党の安倍政権の安全保障政策に異論を唱えるのか』と言われるが、『自分（柳澤）は、歴代自民党政権で確立されてきた考え方を主張しているのであって、安倍政権のほうが従来とは違う右傾化路線に偏《かたよ》ってきているに過ぎない』と答えている。」

「アフガン戦争」と「集団的自衛権」の行使

2014年5月15日、安保法制懇が「集団的自衛権の行使を憲法解釈の変更によって認めるべし」等の内容を盛り込んだ報告書を安倍首相に提出した際、安倍首相は政府の考え方を示す「基本的方向性」を記者会見で表明しました。その時、私が、「おやっ？」と思ったことがありました。

それは、首相が「自衛隊が武力行使を目的として、湾岸戦争やイラク戦争での戦闘に参加するようなことは、これからも決してない」と言ったことです。そこには、「アフガン戦争」が入っていなかったのです（安倍首相は、同年7月1日の集団的自衛権行使容認に関する閣議決定がなされた際に行った記者会見でも、アフガン戦争に言及することはありませんでしたが、それは5月15日の記者会見に引きずられてのことでしょう）。

「アフガン戦争」が安倍首相の発言の中に入っていなかった理由は、アフガン戦争に「集団的自衛権」が関わっていたからだと思います。アフガン戦争は、２００1年9月11日に発生した米同時多発テロへの報復として、米国が「自衛権の発動」を口実に開始した戦争です。そこに、イギリス、フランス、ドイツ、カナダ、オーストラリアが参戦した理由は、「集団的自衛権の発動」でした。もし、わが国でも「集団的自衛権の行使」が容認されることになると、給油活動でアフガン戦争に協力した実績がある日本は、〝集団的自衛権の行使〟の名の下にアフガン戦争に参戦することがあるかもしれない、と安倍首相は考えたのではないでしょうか。

この点を国会で追及された安倍首相は、次のように、アフガン戦争を含む中東地域等の武力紛争に参加することはないと答弁しています。

「アフガン戦争は、当初は集団的自衛権の中の武力行使になっているが、（その後）国連の決議があったので言わば集団安全保障となった。私たちは、集団的自衛権、集団安全保障の中で、

戦闘を目的として海外に出ていって武力行使を行うことはしない」（２０１４年6月9日、参議院決算委員会）

「今回の集団的自衛権の行使解釈の変更について議論をする際にも、また集団安全保障の議論においても、例えばイラク戦争やベトナム戦争やアフガン戦争や湾岸戦争において、自衛隊が戦争を目的として参加することはない」（２０１４年6月11日、国家基本政策委員会合同審査会）

「集団的自衛権においてもそうだが、『海外に対する派兵は、一般的に憲法で禁止されている』との考え方は変わりがないので、イラク戦争、アフガン戦争、湾岸戦争等に、これからも参加をすることはない」（２０１４年7月14日、衆議院予算委員会）

「自衛隊がかつてのイラク戦争やアフガン戦争での戦闘に参加するようなことは、これからも決してない」（２０１４年10月1日、衆議院本会議）

憲法第9条への世界の評価

安倍首相が国会で累次答弁した通り、私もわが国がアフガン戦争等に参戦することがないことを望みます（後述するように、今後参戦することとなる危険性は高くなると思いますが……）が、もし仮に参戦することになった場合には、わが国が失うものは大変大きいと思います。

どれだけ大きなものを失うことになるのか、私たちは、アフガン戦争時にアフガニスタンに関わった日本人の意見を聞くべきです。そこには、安倍首相が思いもつかない世界、「平和憲法の役割」があります。

その第1は、アフガニスタンで農水路建設、医療などの支援をしている「ペシャワール会」の中村哲《なかむらてつ》・現地代表の意見です。２０１４年5月17日付け朝日新聞に掲載されたインタビューの中で、中村代表は、「（自衛隊が武力行使のためにアフガニスタンに来たら、）武力を使う日本に対する敵意が、アフガン人の中に生まれてしまう。（自分たちの）活動はこれまでになく危険になる。私たちに何かあれば、主権国家として現地の政府や警察が動いてくれる。（日本政府は、）武力でトラブルを起こすようなまねはしないでほしい」と言っています。

私も、現職国会議員時代に中村代表から同趣旨のお話を聞いたことがあります。中村代表は、医師でもあり、とても素朴な感じのする人です。お会いした時に、「アフガニスタンの現地の人々からもずいぶんと信頼されているだろうな」と感じた思い出があります。

第2は、アフガニスタンで軍閥勢力6万数千人の武装解除を指揮した伊勢崎賢治《いせざきけんじ》・東京外国語大学教授の意見です。伊勢崎氏は、「アフガニスタンで不可能と思われてきた武装解除の仕事を日本ができたのは、どの武装勢力にとっても（日本は）中立だと見られてきたからだ。僕は、アフガニスタンの経験から、日本は憲法9条を堅持することが大事だと思った」（伊勢崎賢治著『自衛隊の国際貢献は憲法9条で』かもがわ出版　２００８）と言っています。

私は現職国会議員時代に伊勢崎氏にもお会いし、同様のお話を聞いたことがあります。アフガニスタンでの武装解除に取り組む前に、東チモールの県知事として国連平和維持軍を統括したり、シエラレオネでのＰＫＯ（国連平和維持活動）武装解除部長を務めた経験がある伊勢崎氏の言葉は、憲法第９条の存在が世界で高く評価され得ることを示しています。

より「危険な場所」で、より「危険な業務」に

２０１５年３月22日に行われた防衛大学校卒業式で、安倍首相は集団的自衛権等に関する法整備に関し、「いわゆるグレーゾーンに関するものから、集団的自衛権に関するものまで、切れ目のない対応を可能とするための法整備を進める。『行動』を起こせば、批判にさらされる。過去においても、『日本が戦争に巻き込まれる』といった、ただ不安を煽《あお》ろうとする無責任な言説が繰り返されてきた。しかし、そうした批判が荒唐無稽なものであったことは、この70年の歴史が証明している。」と訓示しました。まるで、「安全保障についてどんな法制度を作っても戦争に巻き込まれることはない」とでも言いたいかのようです。

その言葉とは裏腹に、安倍首相は、国際紛争にわが国が武力介入していくことを望んでいるかのような行動をとっています。特に、安倍首相が求めている新たな安全保障法制は、わが国を敢えて、より「危険な場所」に踏み込ませ、自衛隊がより「危険な業務」を行う道を拓く

「新たな仕組み」を含んでいます。そして、その「危険な場所」での「危険な業務」に従事する自衛隊が攻撃を受ければ、それに反撃する形で武力行使を行って武力紛争に巻き込まれることになるのです。（これらの武力行使は、従来の「個別的自衛権の行使」で説明できるものだと考えますが、危ない所に自分から飛び込んで行って、「攻撃されたので自衛権の行使をします」と言うのも、いかがかと思います）。

それに加えて、安倍首相は、最初から海外で武力行使をすることを目的に自衛隊を派遣することを可能とするために、「集団的自衛権の行使」に基づく武力行使のための具体的規定を創設することを目指しているのです。

他にも、「新たな仕組み」の中には、海外で人質になった邦人の救出を含む、自衛隊による「武器使用を伴う在外邦人の救出」のための法整備が盛り込まれています。本来であれば、人質への対処は事件の発生した国の治安問題・警察問題なのですが、あえて自衛隊の活動として法整備しようとしているのです。

しかも、この法整備を国民に受け入れてもらい易くするために、2015年1月のイスラム国（ISIL）による日本人人質事件を説得材料に利用しようとしているように思えてなりません。安倍政権がこの事件を巡って取った対応は、このような疑いを惹起《じゃっき》させるものでした。中東訪問中の同月17日、カイロでの日・エジプト経済合同委員会で行った中東政策スピーチにおいて、安倍首相は、中東諸国に対する総額2億ドル程度の支援を、「ＩＳＩＬがもたらす脅威を少しでも食い止めるため」に「ＩＳＩＬと闘う周辺各国」への支援として表明したのです。この時点で、イスラム国が日本人２名を拘束《こうそく》していることがかなりの確度で推測されているにもかかわらず、です。

イスラム国による日本人人質の殺害に至る一連の行動は、許し難いものです。しかし、その事態に至るまでの安倍政権の対応は、まるで、人質救出がうまく行かなければ、かえって「国外での日本人人質救出に自衛隊を向かわせることができるような、仕組みを作るべきだ」という世論を喚起できるではないかと考えているかのような態度でした。

国際紛争に武力介入したがる首相

安倍政権が整備しようとしている安全保障法制には、憲法解釈の変更で容認した「集団的自衛権の行使」による武力行使のための法制度の他にも、多くの「新たな仕組み」があります。そして、これらの「新たな仕組み」は、前述した通り、あえて、より「危険な場所」に自衛隊を送り、より「危険な業務」を自衛隊に行わせようとするものです。

例えば、「新たな仕組み」では、①自衛隊による後方支援を定める現行法は、日本周辺有事で米軍に限って行う周辺事態法だけですが、新たな自衛隊海外派遣恒久法で、国際貢献を名目に、いつでも、どこでも、どの国に対しても後方支援できるようにする、②その際の自衛隊の業務も、弾薬提供や発進準備中の航空機への給油などの軍事色の強い任務も解禁し、その活動場所も、「現に戦闘が行われている現場（戦場）」以外なら可能とする、③米国中心の有志連合など国連が主導しない人道復興支援や治安維持活動にも参加可能にし、その場合に、武器使用基準を緩め任務遂行のための武器使用も認めるようにする等の改正が行われようとしています。

このような「新たな仕組み」の下で自衛隊が活動すれば、自衛隊が相手から敵と見なされ、攻撃される可能性が格段に高まることは明らかです。その後に起こることは、攻撃してきた相手に対する「個別的自衛権の行使」や「集団的自衛権の行使」による自衛隊の武力行使です。正に、「安倍首相は、国際紛争に武力介入したがっている」と言えるのではないでしょうか。

このような内容の新たな安全保障法制の整備を行なおうとしている安倍首相の国会における一連の答弁（「アフガン戦争等に参戦することはない」等）は、額面通りには受け取れません。そして、新たな安全保障法制の整備について「わが国が国際紛争に巻き込まれるのではないか、わが国が武力介入していくことになるのではないか」と心配する人たちに対して、安倍首相が、「『日本が戦争に巻き込まれる』といった、ただ不安を煽ろうとする無責任な言説」として「荒唐無稽なもの」と断じようとすることは、あまりにも傲慢《ごうまん》すぎると思います。

第2章 「昭和の不平等条約」日米地位協定を問う

見せかけの日米地位協定見直し

2013年12月、仲井真弘多・沖縄県知事（当時）は、普天間《ふてんま》基地の辺野古《へのこ》移設に必要な沿岸部の埋立て承認に当たって沖縄県内の基地負担の軽減を求める中で、在日米軍の法的地位を定めた「日米地位協定」の改定を求めました。

これに対し、米側が「日米地位協定の改定交渉に合意したことはないし、交渉開始を検討することもない」として否定的な態度を示していたにもかかわらず、日本側は「できるだけ米国側と交渉することが大事」（小野寺防相）、「沖縄の負担軽減は最優先かつ最重要の課題の一つ。沖縄の要請を受け止める以上、あらゆる可能性を検討しないといけない」（岸田外相）と、前向きな態度を装《よそお》っていました。

とは言え、「相手があるからどこまでできるかどうかは別」（防相）、「相手がある話なので具体的にどうするかは控えたい」（外相）として、協定改定の中身について全く具体的な事項に触れていないのが実情でした。

２０１４年10月20日になって日米両国政府は、在日米軍基地内の環境調査に関して日米地位協定を補足する特別協定を結ぶことについて、「実質合意した」と共同発表しました。「昭和の不平等条約」と言ってもよい日米地位協定を見直そうという動きが、日本政府に出てきたことは歓迎すべきことです。しかし、この特別協定は、沖縄県に新たな基地負担を押し付けるために、「見せかけの」基地負担軽減を目指すものであることは容易に想像できました。

それは、報道された特別協定の内容を見ればわかります。その内容が、①環境汚染事故が発生した場合や文化財調査を含め基地返還に伴う現地調査が必要になった場合に、米軍が日本の自治体関係者の基地内への立ち入りを認めること、②日本政府が「環境に配慮した施設」を米軍に提供すること、③米軍が日本の環境管理基準（ＪＥＧＳ）を維持すること、④環境保全事業の経費を日本側が負担すること、⑤基地内の環境に関し日米で情報共有することなどに止《とど》まっていたからです。

日米地位協定を日本国民サイドに立って見直すべき

この特別協定には、①当然のことなのに、なぜ今まで認められていなかったのか不思議に思われる事項、②日本側がなぜ費用負担しなければならないのか疑問を感じる事項等が含まれています。さらに問題なのは、安倍政権が、この特別協定の締結以外に、国民の安心・安全な生活を確保するための日米地位協定の見直しに手を付けようとしていないことです。米国以外の諸国からの軍事的脅威に対処するための日米安保条約（日米同盟）が、かえって、米軍によって日本国民の安心・安全な生活を脅《おびや》かしているとしたら、笑い話でしかありません。

「地位協定を見直すこともあり得る」という流れができたことは歓迎すべきことですが、私はこの流れを、もっと国民サイドに立ったものにしていかなければならないと思っています。その観点から、以下、私が法務大臣時代に経験した「裁判権」問題を含め、日米地位協定の見直し問題について考えてみたいと思います。

米軍属への請求を棄却した交通事故判決

私の故郷である山口県岩国市で、2010年9月、米軍岩国基地に勤務する米国人女性の米軍属（米軍に雇われた米国籍の民間人）が起こした交通事故がありました。加害者の米軍属の女性Wが運転する車（マイカー）が、日本人男性O氏を死亡させたのです。死亡した男性O氏の遺族が米軍属と国に損害賠償を求めた訴訟を提起し、2014年8月12日、山口地方裁判所岩国支部は、国に対して慰謝料など約3400万円の支払いを命じたものの、加害者Wへの請求を棄却する判決を出しました。Wの過失は認められましたが、通勤途中で「公務」にあたると認定し、日米地位協定に基づく民事特別法の「米兵らが職務中に違法に損害を加えた場合、国（日本国）が賠償責任を負う」との規定に基づく命令が出されたのです。

また、Wは現行犯逮捕をされましたが、検察庁は「公務中」として日米地位協定に基づき不起訴処分ともしています。

この事件を、「公務員Aが、マイカーを運転して通勤している時に、自己の過失によって交通事故を起こして歩行者Bを死亡させた」とする内容の事件と仮定して考えてみてください。Aが民事上及び刑事上どんな処遇を受けるかと比較すると、米軍人・軍属に対する処遇がいかに甘いのか、また、日本人の交通事故被害者がいかに見捨てられているのかがわかるはずです。

Aの行為（通勤時の運転）が「公務」であれば、国家賠償法（第1条）によって、国や公共団体が賠償責任を有することになります。しかし、通勤途上にマイカーで起こした交通事故に関しては、基本的には「公務」扱いにはならず、交通事故による損害はAの自己負担（ただし、自賠責保険等の適用あり）になります。

ところが、この判決では、Wの損害賠償責任を認めず、国（日本国）に対して賠償責任を認めています。被害者を保護する立場から言えば、損害賠償の履行《りこう》を確保するための現実的な判断だと思います。しかし、Wについて何らの責任を認めず、国が（結局は、日本国民の税金で）その損害を負担するというのは、国民感情からして許し難いことです。

加害者Wは4カ月の免停のみ

岩国での交通事故死があった約4カ月後に、沖縄県でも、米軍属のラムジー（当時24歳）が起こした交通事故によって日本人が死亡しました。検察庁は、当初、日米地位協定によって不起訴としましたが、その後、那覇検察審査会の審査で「起訴相当」が2回出され、結局は強制起訴されることになりました。那覇検察審査会がこのような結論を出した背景には、韓国で同様の事件が発生した際、韓国側が「裁判権」を行使したことが影響しています。

ラムジーの起訴に当たっては、当然、「日本における米軍属の公務中の事件や事故の第1次裁判権は、米国側にある」としている「日米地位協定」が問題となりましたが、２０１１年11月に行われた日米合同委員会において、「米国が刑事訴追しない場合は日本側で裁判できる」との地位協定の運用の見直しが行われることで決着しました。私の法務大臣時代のことです。

岩国の事件では、Wは検察庁で「不起訴」処分を受けるとともに、山口検察審査会でも、日米地位協定の存在を理由に「不起訴相当」となっています。そして、Wは、岩国基地内で行われた交通裁判において、「4カ月間の自動車運転の制限（ただし、通勤時は運転制限を除外）」との処分を受けているのみです。

本判決の中では、「Wは、運転中に道路横断中のOの存在を認め警音器を鳴らしたが、制動措置（ブレーキ）を講じることなく漫然と進行を続けて、Oに車を衝突させた」と事実認定されています。WがもしAであったら、明らかに「業務上過失致死罪」に問われるケースですが、米軍からは「4カ月の免停（通勤時の運転は可）」の処分しか受けていないのです。

在日米軍の「治外法権」は見直すべき

このように、本件事故の発生に伴うWとAに対する取り扱いはまったく違います。Aは、民事上は、交通事故の損害賠償は自分の責任として支払い、刑事上は業務上過失致死罪で訴追されるのに対して、Wは、日本国が損害賠償責任を負うのみで自らは賠償責任を負わないし、刑事上の責任は何も問われていません。

こんな不公平があってよいものでしょうか。これでは、在日米軍の軍人・軍属が、日本人を人とも思わないで「やりたい放題」の気持ちを持つことになっても不思議はない、と思います。

現在でも、被害者側はWに対してもう一度告訴をしてみることはできます。かつて山口検察審査会が本件に関する検察庁の措置（不起訴）を審査した時は、地位協定を理由に「不起訴相当」の結論を出しましたが、ラムジー事件をきっかけに事情は異なってきています。業務上過失致死の時効完成は事故発生後10年ですので、その時効が完成するまでは間に合います（ただし、事故を起こした米軍属はすでに米国本国に帰国してしまったという情報もあります。その場合の取り扱いは、さらに難しい問題となりそうです）。

しかし、それ以前に、そもそもの問題として、在日米軍の軍人・軍属は、少なくとも自らが米軍基地外で起こした事件や事故については、日本の公務員（自衛隊員を含みます）が負うべき責任と同等の責任を負うべきです。そうでなければ、まるで「治外法権」です。主権国家・日本として、在日米軍の「治外法権」を見直すべきです。つまり、日米地位協定を見直す必要があるのです。

「平成の不平等条約改正」に向けて

日米地位協定の改定については、例えば、「刑事裁判権」を日米のどちらが先に行使するのかがよく問題になります。その具体例の一つが、前述した沖縄県の「ラムジー事件」です。ラムジー事件については、私が法務大臣時代に「地位協定の運用改善」で決着が図られましたが、私は、それだけでは不十分と考え、法務省の事務当局に対して刑事裁判権の問題も含め、「日米地位協定の改定」として検討し得る事項を調査するように命じました。

検討対象の一つは、例えば「裁判権」の位置づけ・範囲の問題です。「裁判権」は、英語の原文では「jurisdiction」となっています。一般の日本国民は、日米地位協定の英文「jurisdiction」が日本語では「裁判権」と訳されていますので、米国側が「裁判」にかける場合にだけ日本側に優先権を持っているかのように思っています。

しかし、この「jurisdiction」は、実は日本語で言えばむしろ「管轄権《かんかつ》」と訳す方が実態に合っているのです。つまり、米国側が「裁判」にかけずに、米軍当局による「（戒告《かいこく》などの）懲戒処分《ちょうかい》」や「（免許取消などの）行政処分」で済ます場合でも、日本側は「裁判」にかけられないのです。皆さんは、不自然さを感じないでしょうか。

私はこうした問題に取り組もうとしたのですが、時間的制約もあったため、事務当局からは何の具体案も提示されないうちに法務大臣を離任することになりました。

日米地位協定の見直しに対する事務当局の姿勢は、消極的です。とりわけ、「ラムジー事件」に関し日本政府と米国政府との間の交渉を経験して感じたことですが、「米国務省日本支部」と揶揄《やゆ》されることもある外務省の事務当局は、極めて消極的です。さらに、米国が否定的な意見を述べているのに加えて、沖縄の基地問題に関連して、安倍政権の閣僚が具体的な改定項目を挙げることなく「協定の改定」に言及しているようでは（53頁参照）、初めから本気度は感じられません。

改定すべき地位協定の内容

地位協定の改定が必要と思われるものは、たくさんあります。これまでに発表された改定案等を参考にして、その主なものの幾つかをご紹介すると以下の通りです。

①米軍への提供施設の利用に関し、その利用を定期的に見直す。その際、基地所在地の自治体などの意見を聴取する。米軍の施設・区域使用には原則として日本法令を適用する。

②合衆国軍隊（米軍）は、その活動において環境への影響（人、動植物、土壌、水質、大気、文化財への影響を含む）を最小限にするとともに、起こしてしまった環境被害に対して適切な原状回復・補償義務を負う。

③米軍の「提供施設及び区域」以外の日本国の領域における演習及び訓練の実施は、日本政府の承認を条件とする。また、演習及び訓練のための日本国の領域の使用には、航空、航行及び道路交通に関する日本国の法令を適用する。

④公務執行中の犯罪であっても、米軍提供施設外で起こった犯罪には日本側が第1次裁判権を行使する。凶悪な犯罪等の場合に日本国が要請した時は、米軍は被疑者の拘禁《こうきん》を起訴前に移転することに同意する。わが国当局が捜索、差押えまたは検証を行う権利の行使を希望する時は、

原則として米軍はこれに同意する。

いかがでしょうか？　多くの皆さんも賛同して戴けるのではないかと思います。

実は、民主党が政権交代しそうになった段階で米国政府が非常に心配した問題の一つが、この地位協定の改定問題でした。結局、民主党政権下でも地位協定見直し推進派が主導権を取れずに交渉は進みませんでしたので、米国政府はホッとしていたと思います。安倍政権や自民党政権下での日米地位協定見直しの動きが、沖縄県民など基地を抱える地域の住民に向けたその場しのぎのポーズ（「日本政府は見直しの努力をしている」という口実作り）に終わらないことを願っています。

第3章 核軍縮への道、「北東アジア非核地帯条約」の実現に向けて

疑われる核廃絶への日本の姿勢

私は、「この地球から核兵器の恐怖を取り除くことは、将来の世代への責任である」と考え、2000年6月に国会議員になった直後から、被爆2世の国会議員として核軍縮・核廃絶問題に取り組んで来ました。

わが国政府も、口では、「世界で唯一の戦争被爆国である日本は、世界中の核兵器の廃絶に向けてリーダーシップを取らなければならない」と言っています。しかし、実際には、「核の傘」と呼ばれる拡大核抑止力（核抑止力のうち、自国に対する核攻撃を抑止することを「基本抑止」といい、同盟国や第3国に対する核攻撃を抑止することを「拡大抑止（拡大核抑止力）」または「核の傘」と言う）を安全保障政策の原則に置いていることから、国際的にも、本当に核兵器廃

絶を目指しているのか疑われている状況にあります。

とりわけ、安倍首相は、官房副長官時代であった2002年5月に早稲田大学で行った講演会で、「憲法上は、原子爆弾だって小型であれば（使用することに）問題ではない」（「サンデー毎日」同年6月2日号）と発言していますから、国際社会が抱く疑いは強いと思われます。

なお、安部首相のこの発言は、1957年5月7日の参院予算委員会で、安倍首相の祖父である岸信介首相（当時）が、「名前が核兵器とつけばすべて憲法違反だということは、憲法の解釈論としては正しくない」と答弁していたことを踏まえての確信犯的な発言です。もっとも、岸首相は、その8日後、参院本会議で「核兵器を日本で持とうという考えは、私は毛頭持っておりません」と釈明の答弁をしています。

NPTの問題点と最近の動向

核軍縮については、1970年にNPT（核不拡散条約）が発効しています。同条約では、「67年1月1日前に核兵器等を製造し爆発させた国」を核兵器国として位置づけ、非核兵器国には核不拡散の義務（NPT第2条）を課す一方で、核兵器国には核軍縮の義務（NPT第6条）を課しています。

しかし、NPTは、最終的には核兵器の廃絶を目指しているものの、その第6条が「全面的かつ完全な軍備縮小（general and complete disarmament）に関する条約について、誠実に交渉することを約束する」と規定しているように、核保有国の行動すべき方向性を示しているに過ぎません。また、核兵器国と非核兵器国との間の不平等性に不満を持つインド、パキスタン、イスラエルはＮＰＴに加盟せず、その後核兵器を保有するに至りました。このことが、現在に至っても、核不拡散のための国際的行動に支障をきたしています。

他方で、「使ってはならない兵器」である核兵器の存在を前提とする安全保障は、否定されつつあります。２００７年1月と２００８年1月の「ウォール・ストリート・ジャーナル」紙に掲載されたキッシンジャー元米国務長官、シュルツ元米国務長官等の連名での「核兵器のない世界」及び「核兵器のない世界を目指して」との論文では、偶発的使用のリスク、テロリストへの拡散のリスクも考え合わせると、「核兵器の存在を前提とする安全保障は、私たちが今後も依存すべき安全保障と考えるべきではない」と指摘されています。

また、国際社会は、非人道的な兵器である生物兵器と化学兵器については、すでに生物兵器禁止条約（75年発効）と化学兵器禁止条約（97年発効）を成立させています。より非人道的で破壊力のある核兵器を唯一人類に対して使用した米国のトップであるオバマ大統領は、２００9年1月、「核廃絶に向けて行動する道義的責任がある」と、勇気を持って登場しました。

オバマ大統領の登場もあって、２０１０年ＮＰＴ（核不拡散条約）運用検討会議（この会議は

5年に1度開催されます）は、会議も盛り上がり、成果も出ました。2005年のNPT運用検討会議が、「2000年NPT運用検討会議の最終文書よりも後退した内容の最終文書になるくらいなら、無いほうがましだ」という認識の下、最終文書の合意に至らなかったという苦い経験があったので、核軍縮問題に取り組む関係者は、将来への明るい希望を見出したのです。しかしながら、2015年5月22日に閉幕した2015年NPT運用検討会議は、中東地域の非核化構想に米、英等が反対したことから、再び、最終文書が採択されずに閉幕したのです。誠に残念なことです。

このような状況の下、核兵器に唯一戦争で被爆した日本は、核兵器の非人間性を世界に訴える責任を自覚しつつ、核兵器の不拡散・軍縮に向けてより積極的な役割を果たす責任を負っていることをもっと自覚すべきです。

核兵器問題研究者の発言「核の傘は機能しない」

前述した通り、わが国は「核の傘」に依存した安全保障政策を取っていますが、核抑止力を期待する「核の傘」は、現在の世界で本当に機能するのでしょうか？

この点について、私が2013年11月3日にパネリストの一人として参加した「第5回核兵器廃絶――地球市民集会ナガサキ」の第1分科会「非核の傘・非核兵器地帯を広げよう」で、同じくパネリストの一人として米国から参加したウォード・ウィルソン氏（英米安全保障情報センター上級研究員・核兵器再考プロジェクト長）は、次のような発言をしました。

『「冷戦時代、核抑止はすべての場合に成功してきた」と言われるが、そうではない。1962年のキューバ危機では、ケネディ大統領は核による報復も覚悟してキューバ海上封鎖をした。1973年の中東戦争では、イスラエルは核兵器を保有していたが、エジプトは戦争を始めた。1982年のフォークランド戦争では、英国の核兵器はアルゼンチンとのフォークランド領有権を巡る戦争を防げなかった。

冷戦終結（1989年）後も、1991年の湾岸戦争では核抑止が働かなかった。米国ベーカー国務長官がイラク政府に送った書簡で、3つの条件（①化学兵器、生物兵器を使ってはならない、②イスラエルを攻撃してはならない、③油井に火をつけてはならない）を付けたが、イラクはそのうち一つしか守らず、戦争が始まってしまった。

このような核抑止の失敗に対して、『核抑止が働くのは、その国（同盟国を含む）の中心部に対する攻撃に対してである。』という説明がされることがある。もしそうなら、『自国の遠い所』を守るために核抑止が働かないのに、どうして、『もっと遠い所にある同盟国』を守るために核抑止（核の傘、拡大抑止）が働くと言えるのか。核の傘は、使うには大き過ぎて良い傘ではない。核兵器に対する考え方を再考すべきだ。」

ウィルソン氏は、『核兵器に関する5つの神話』という著書でノルウェー外務省から39万ドルの賞を獲得して、現在国際的にも注目されている核兵器問題の研究者です。その彼の指摘を踏まえて、「核の傘」が本当に機能するのか、しっかり検証する必要があります。

「核兵器禁止条約」への市民活動

核廃絶の動きとして最近注目されているものに、「核兵器禁止条約」の締結に向けた提案・運動があります。２００７年4月、コスタリカ及びマレーシア両政府は、ＮＰＴ運用検討会議の第1回準備委員会に核兵器禁止条約案を提出しました。また、２０１０年5月のＮＰＴ運用検討会議では、その合意文書においてこの条約について初めて言及がなされ、潘基文国連事務総長もその必要性を強調しました。

また、広島市、長崎市が中心になって１９８２年に設立し、１６０カ国・地域の６４９０の都市（国内では１５３５都市。２０１５年1月1日現在）が加盟している平和首長会議は、２０１０年12月から「核兵器禁止条約」の早期実現を目指した新たな市民署名活動を開始しています。２０１１年10月に開催された国連総会では、軍縮・国際安全保障問題を扱う第一委員会が、マレーシアなどが提出した核兵器禁止条約の交渉開始を求めた決議を１２７カ国の賛成（２０１０年より6カ国多い）で採択しています。

こうした状況の下、平和首長会議は、核兵器のない平和な世界を実現するための具体的な活動の一つとして、2020年までの核兵器廃絶を目指す「2020ビジョンキャンペーン（核兵器廃絶のための緊急行動）」を行っています。また、平和首長会議の会長である松井一実・広島市長は、2015年5月1日、2015年NPT運用検討会議において、「一刻も早く…核兵器禁止条約に関する交渉を始めるべき時期が来ている」と訴えています。

このような核兵器禁止条約の締結へ向けた動きとは別に、次に述べるように、これまで世界の各地で「非核地帯構想」が進められてきており、この構想のさらなる拡大に向けた動きも見られています。

「北東アジア非核地帯構想」とは

私の核軍縮・核廃絶問題への取り組みの中の一つが、「北東アジア非核地帯条約」の成立を目指した活動です。実は、「北東アジア非核地帯構想」は、核軍縮問題に熱心な民主党の有志議員が作った民主党・核軍縮促進議員連盟（初代会長は、岡田克也・衆議院議員）が、2008年8月8日（長崎の原爆の日の前夜）、政治家グループとしては初めて、長崎の地で「北東アジア非核地帯条約案」として公表をしたのです。私は、その議連の初代事務局長を務めていました。

「北東アジア非核地帯条約」案は、既存の非核兵器地帯条約や、すでにＮＰＯ法人「ピースデポ」等によって作成されたモデル案を参考として作成されており、その内容の基本的枠組み・特徴は、次の通りです。

・条約の当事者は、「韓国、北朝鮮、日本の３カ国（地帯内国家）」と「周辺の３つの核兵器国である米国、中国、ロシアの３カ国（近隣核兵器国）」の６者（いわゆる「スリー・プラス・スリー」）とする。

・日本の非核３原則（保有しない、製造しない、持ち込まない）に相当する非核原則を北東アジア地域全体（日本列島と朝鮮半島）で実現する。

・近隣核兵器国は、地帯内国家に「消極的安全保証」（核兵器使用や核兵器による威嚇《いかく》をしない）を約束する。

・地帯内国家の国内にある他国の軍事施設（例、在日米軍基地、在韓米軍基地）も対象とする。

・被爆体験の継承と核軍縮教育の義務を定める。

この「北東アジア非核地帯構想」については、２０１３年の広島と長崎の原爆の日の平和記念式典で広島市長と長崎市長のそれぞれのスピーチで訴えられ、両被爆地において前向きな姿勢が示されたことに感激しました。また、田上富久・長崎市長は、２０１５年５月１日、２０１５年ＮＰＴ運用検討会議において、日本政府に対して「北東アジア非核兵器地帯の創設に向け努力するよう」求めています。

南半球は核兵器とは無縁の地域

「北東アジア非核地帯なんてとてもできるものではない」と思っている人は大勢いると思います。確かに、その実現は容易なことではありませんが、唯一の戦争被爆国である日本が中心となって目指していくべきものであると思います。以下、その実現可能性を考えていただくために、これまでの経緯を順を追って見てみたいと思います。

まず、世界各地の地域的な非核地帯条約について見てみましょう。地域的な非核地帯条約は、1959年以降、以下のように順次締結されてきており、現在では、南半球は、実質的に核兵器とは無縁の地域となっているのです。（次頁図1：世界の非核地帯）

①南極条約（署名1959年、発効1961年）
②トラテロルコ条約（ラテンアメリカ及びカリブ核兵器禁止条約：署名1967年、発効1968年）
③ラロトンガ条約（南太平洋非核地帯条約：署名1985年、発効1986年）
④バンコク条約（東南アジア非核兵器地帯条約：署名1995年、発効1997年）
⑤ペリンダバ条約（アフリカ非核兵器地帯条約：署名1996年、発効2009年）

図１　世界の非核地帯

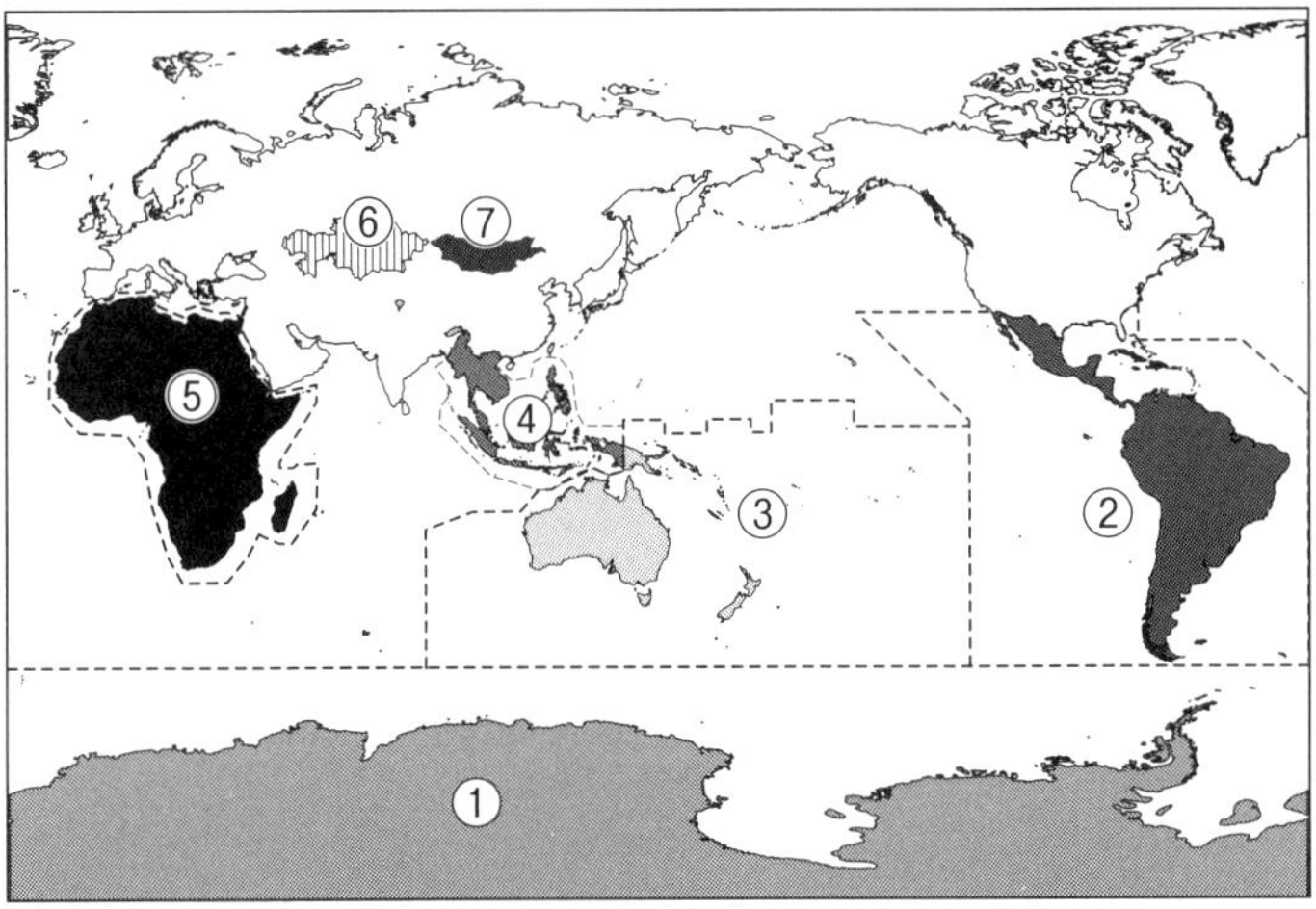

①	南極条約	南緯 60 度以南の地域におけるすべての核爆発及び放射性廃棄物の処分を禁止するもので、42 か国が署名 = 批准。核保有国は 5 か国すべてが議定書に署名 = 批准。［1959.12 署名］
②	ラテンアメリカ核兵器禁止条約（トラテロルコ条約）	条約適用範囲内の 33 か国すべてが署名（うち 32 か国が批准）。核保有国は 5か国すべてが議定書に署名及び批准。［1967.2 署名］
③	南太平洋非核地帯条約（ラロトンガ条約）	オーストラリア、ニュージーランドや地域の島しょ国でつくる政府間組織「南太平洋フォーラム（SPF）」構成 14 か国及び 2 地域のうち 11 か国及び2 地域が署名（うち10か国及び 2 地域が批准）。核保有国は 5 か国すべてが議定書に署名。［1985.8 署名］
④	東南アジア非核兵器地帯条約	東南アジア諸国連盟(ASEAN)の10か国が署名(うち8か国が批准)。核保有国は5か国すべてが議定書に署名していない。［1995.12 署名］
⑤	アフリカ非核兵器地帯条約（ペリンダバ条約）	アフリカ統一機構（OAU）加盟 53か国のうち 49か国が署名（うち2か国が批准）。核保有国（ペリンダバ条約）は5か国すべてが議定書に署名。［1996.4 署名］
⑥	中央アジア非核地帯条約（セミパラチンスク条約）	カザフスタン、キルギスタン、タジキスタン、トルクメニスタン、ウズベキスタンの5カ国によって調印。［2006年9月8日署名］
⑦	モンゴル非核兵器地帯地位	1992 年にモンゴルが「モンゴルの非核地帯化」を宣言し、1998 年に国連総会決議で「非核兵器国の地位」として国際的に承認。

出典：「核兵器開発・核軍縮の歩み　非核地帯は広がる」
http://www.pcf.city.hiroshima.jp/Peace/J/pNuclear7_1.html（2015 年 5 月 20 日）

⑥セミパラチンスク条約（中央アジア非核兵器地帯条約：署名２００６年、発効２００９年）
⑦地域ではないが、モンゴルが、「非核兵器地帯地位」を１９９８年12月４日に国連総会決議で認知され、２０００年２月３日に国内法を制定している。

軍事に詳しい人の中には「これらの地域は、武力紛争がなかったり、もともと核兵器が置かれていない地域であって、北東アジア地域とは状況が異なる。北東アジア地域には非核地帯を設けることなど無理だ」と言う人もいます。

しかしながら、忘れてはならないのは、１９９５年のＮＰＴ（核不拡散条約）運用検討会議で、「中東決議」が採択されていることです。この決議の内容は、中東地域における「核兵器及びその他の大量破壊兵器（ＷＭＤ、運搬手段を含む）が存在しない地帯」の設立、中東地域におけるＮＰＴ未加盟国（実際にはイスラエルのみ）の加盟などを求めたものです。この決議に関しては、２０１０年５月のＮＰＴ運用検討会議でも、中東決議の完全履行《りこう》に向けた具体的な第一歩を進めることについて合意がなされています。ただ、その後の進展がはかばかしくないことが残念ではありますが……。

２０１０年ＮＰＴ運用検討会議の前

長崎で条約案を発表した翌年の2009年5月、私は、民主党核軍縮促進議員連盟の事務局長としてニューヨークで開催された「2010年NPT運用検討会議」の準備委員会のサイド・イベントにおいて、「北東アジア非核地帯条約案」を国際的に発表しました。その際に私が行ったスピーチ「私と原爆との出合い」の導入部分を紹介します。

「本題に入ります前に、私と原爆との出合いを少しだけお話したいと思います。

私は、原爆が初めて人類に向けて投下されたヒロシマから約40キロメートル離れた岩国市という町で、1954年に生まれ、育ちました。私が原爆の恐怖をハッキリと認識したのは、小学校6年生の時に広島の平和公園に遠足で行った時のことです。公園の中にある『原爆資料館』を訪問し、その中にあった展示物や写真を見て、子供心に大変なショックを受けました。写真や展示物で見たものは、まるで地獄そのもので、その夜は怖くて怖くて眠れなかったことを今でも鮮明に覚えています。

成人してからわかったことですが、私の父親は、原爆投下当時、陸軍の兵器部隊の下士官として爆心地から5キロメートル離れた町に駐屯《ちゅうとん》しており、直接被爆はしませんでしたが、被爆者救済のための活動を行ったそうです。

戦後、父親は、被爆者手帳をもらいましたが、被爆者に対する偏見や社会的差別の問題もあったため、間接被爆の体験も語らず、被爆者手帳を持っていることを子供にも教えず、原爆のことは語りたくなかった様子です。

今年で85歳になった私の父親（２０１1年5月18日に87歳で逝去）も含めて、被爆者の高齢化が進んでいますが、現在の日本において、ガン、白血病、白内障、肝硬変、狭心症等に罹《かか》った人たちに対する原爆症認定基準の緩和の問題、被爆2世・3世に対する原爆放射線の影響に関する実態調査や原爆症関連疾患の治療補助の問題などが存在しています。

このように、核兵器は、それが投下された直後の被害だけでなく、その後何十年もの間、無《む》辜《こ》の人々を苦しめているのです。人道的にも『使ってはいけない兵器』です。

様々な危機を乗り越えて近代社会を作り上げてきた人類は、自らの手でこの世に誕生させた『悪魔の兵器・核兵器』を自らの手でこの世から葬《ほうむ》り去る責任を有していると思います。」

北東アジアの非核化については、２００9年11月には韓国で、２０１0年2月に日本で、日韓国会議員等によって協議が行われています。このうち、日本での協議では、両国国会議員による共同声明を発表しました。日本の国会議員86名、韓国の国会議員7名がそれぞれ賛同しています。

日本国内では、民主党代表選挙に影響を与えました。２００9年6月に行われた民主党代表選挙において、岡田克也候補（議連会長）が、本条約案の実現を公約に掲げるとともに、それに触発されたもう一人の代表候補・鳩山由紀夫氏も、やや抽象的な表現ではありましたが、自らの公約に取り入れたのです。そして、政権交代のかかった2009年8月の総選挙では、民主党はマニフェスト（政権公約）に「北東アジアの非核化を目指す」との政策を示しています。総選挙の結果、民主党が中心となった政権が誕生し、政権交代が実現しました。

少しずつだが前進する「構想」

2010年にニューヨークで開催された「2010年NPT再検討会議」においては、「北東アジア非核地帯」について様々な動きがありました。特に、同年4月29日に開催された「非核地帯に関する市民社会フォーラム」では、「中東、北東アジア、北極、中欧における非核地帯の設立に向けての可能性を探求することを支持する」と総括され、北東アジア非核地帯化が明記されました。

ただし、翌30日に開催された「第2回非核地帯条約締約国会合」や翌月28日に採択された運用検討会議本会合の「最終文書」では、残念ながら「朝鮮半島の非核化」のみが言及されただけで終わってしまいました。

その一方で、米国政府の高官（ニクソン政権の国家安全保障会議メンバー、クリントン政権の国防次官や国務省政策立案部長等）を務めたM・H・ハルペリン氏は、2011年11月に、北東アジアに関する包括的条約の一部を構成するものとして、「北東アジア非核兵器地帯」を提案しています。また、核軍縮・不拡散に熱心なG・エバンス元・豪外相が音頭を取り、わが国の福田康夫・元首相や岡田克也・元外相らが賛同署名した「核軍縮・不拡散のためのアジア太平洋指導者ネットワーク（APLN）」が、同年12月に発足。その重要課題の一つとして、「北朝鮮を含む北東アジア非核地帯実現の見通しと実現可能性を吟味《ぎんみ》すること」を挙げています。

日本国内では、マニフェストで「北東アジアの非核化」を示した民主党が政権奪取をした後でも、「北東アジアの非核化」については、残念ながら、首脳レベルでの演説等で触れられませんでした。ようやく、2012年4月5日の参院予算委員会で北東アジア非核地帯条約案が質疑で取り上げられました。それまで、構想自体には積極的でしたが、政府が提唱することに消極的であった岡田克也・副首相（当時）が、「外交は総理大臣や外務大臣が行うべきものだ」としつつも、現職の大臣として「北東アジア非核地帯構想の条約案は、是非実現したいと思う」、「北東アジア非核地帯条約案は、核を北朝鮮に諦《あきら》めさせるための手段としても活用することは可能だと思っている」と答弁しました。

日本は本気で核軍縮・廃絶を目指せ！

私が国会議員の職を失ってから、国会議員の間で核軍縮への取り組みがどのようになっているのか、あまり情報がありません。安倍政権下ですので、どうも低調になっているような感じがします。また、前述したように、２０１５年ＮＰＴ運用検討会議も、最終文書の合意に至らずに終わってしまっています。

しかし、北東アジア非核兵器地帯についても、２０１３年には広島、長崎での原爆の日の平和記念式典でのスピーチがありますし、２０１５年ＮＰＴ運用検討会議での長崎市長のスピーチもあります。また、現在でも引き続きＮＰＯ法人「ピースデポ」が呼び掛けている「北東アジア非核兵器地帯を求める国際署名」が行われており、現在では全国１７４０余の市町村長のうち４００名超の市町村長が賛同署名をしています。

他方、諸外国の動きに目を転じれば、２０１３年9月16日の「国連核廃絶国際デー」に、モンゴルのツァヒアギン・エルベグドルジ大統領が、核軍縮に関する初めての国連総会ハイレベル会合で、政府レベルとしては初めて「北東アジア非核地帯構想を先に進めるための努力を始める」ことを表明しました。モンゴルはすでに「一国非核兵器地帯」の地位を国際的に得ており、北東アジア非核地帯の一員に入る可能性がある国です。

政府レベルで「北東アジア非核地帯構想」を国際的に呼び掛ける最初の国が日本でなかったことは大変残念なことですが、これも一つの大きな契機と考え、日本は本気になって「北東アジア非核地帯」の実現を含め、核軍縮・廃絶に向けて頑張っていかなければならないと考えています。

第4章　「軍に頼る道」から「平和創造基本法」の制定へ

米国軍産複合体を支援する日本政府

安倍政権は、２０１３年12月17日、南西諸島が敵に占領された事態に対処するためとして、高価でかつ危険性が指摘されている米軍の最新鋭輸送機「オスプレイ」を17機導入することを含む、５年間で24兆６７００億円規模に増大した「中期防衛力整備計画（平成26年度～30年度）」を閣議決定しました。

仮に「軍事力による占領」という事態が生じた時でも、国際社会に訴える道が開かれている時代であるはずなのに、「軍事力」で対応しようとしているのです。この背景には、米国とわが国との「軍産複合体」があると言えるでしょう。「軍産複合体」という言葉は、半世紀以上前の１９６１年1月、米国のアイゼンハワー大統領の米国民に向けた「さよなら演説」で初めて使われた言葉であり、軍隊と産業が結びついて政治に影響力を行使していく状態を指します。米国の「軍産複合体」は、オスプレイに巨額の開発費を投じてきました。総開発費は当初３００億ドル（当時のレートで４・３兆円）であり、当初１機４１００万ドルと言われたコストは今や1億ドルだそうです。オスプレイの部品製造には、全米40州にわたる２０００の工場が関わっていると言われています。

その「軍産複合体」を支援しようとして、わが国もオスプレイの導入を進めているのでしょうが、実は、同様の話が、２００４年度に防衛庁（当時）が弾道ミサイル防衛システム（ＭＤ）の導入のための初期費用として１４２３億円を予算計上した時にも指摘されています。ＭＤ導入は、当時の石破茂・防衛庁長官が政治主導的に進めていました。それ以前は、防衛庁は、米政府の度重なる参加要請にもかかわらず、命中精度に疑問があるうえ莫大な費用が見込まれたことから、ＭＤ導入に消極的だったのです。

防衛庁のＭＤ導入の当時、防衛庁幹部は「ＭＤに10兆円を投資した米国の負担軽減につながる」と言っていましたし、「ＭＤを導入する最大の狙いは、日米同盟の強化にこそあった」との指摘もありました。このように、実は、「日米同盟の強化」の中心が米国の「軍産複合体」に対する支援にあることを忘れてはなりません。

「軍に頼る社会」に近づいている

さらに安倍政権は、２０１４年４月「武器輸出３原則」を「防衛装備移転３原則」に変更するとともに、２０１５年度予算に「オスプレイ」の購入を盛り込みました。安倍政権の手によって、日本の政治が本格的に「軍産複合体」により動かされ始めたと言えます。

最近のわが国の社会経済情勢を見ると、私は、「軍産複合体」を超えて、「軍に頼る社会」あるいは「軍に依存する社会」という時代を迎えつつあるのではないかとさえ感じています。これは、国レベルの話だけではありません。軍需産業が立地する地域や軍事基地を抱える地域でも、軍に大きな影響を受けつつあります。

例えば、沖縄では、基地の存在が沖縄経済に大きなウエイトを占めるとともに、基地の存在があるが故に国から多額の財政支援が行われています。安倍政権は、こともあろうか、普天間《ふてんま》基地の辺野古《へのこ》地区への移設に反対して当選した翁長雄志・沖縄県知事が、２０１４年末の予算編成時の陳情に上京した際に、安倍首相のみならずすべての閣僚が面会することを拒《こば》んで圧力をかける始末です。このように、軍事基地の存在が沖縄県の政治・経済に大きくかかわっているのです。

私の故郷の山口県岩国地域でも、厚木の空母艦載機の移駐が決定されたり（２０１７年移駐予定)、オスプレイの本土中継基地化が行われたりしたことに続いて、2014年7月、普天間基地に駐留していた空中給油機(KC130)15機の移駐が実施されました。

このような基地負担の急速かつ大規模な増加に対して、地元の政界や経済界の大勢は、「基地負担の増加を容認する見返りとして地元振興策を要望する」という姿勢にあります。このことは、地域の町づくりが、自立的なものではなく、結局、「軍」からの支援策に依存していくものになることを意味することになるでしょう。

このように見ていくと、日本社会の「軍」への依存の動きが強まり、「軍」の存在なしでは成り立たないような状態になりつつあるように思います。しかし、「軍に頼る社会」や「軍に依存する社会」になることは、自立的な経済や地域の発展を妨げていく危険性だけでなく、再び「いつか来た道」を歩むことになる危険性をはらんでいることをシッカリ認識する必要があります。

「戦争を望む産業界」を生み出す「武器輸出3原則の見直し」

安倍政権は、2014年4月1日、国家安全保障会議及び閣議において、前年の12月に策定された「国家安全保障戦略」に基づき、武器の輸出を原則として禁止する「武器輸出3原則等」に代わる新たな原則として、「防衛装備移転3原則」を策定しました。

「武器輸出3原則等」では、①共産圏、②国連決議による武器禁輸措置をとられた国及び③紛争地域への武器輸出を禁止し、他の地域への武器輸出は「慎む」としていました。その結果、原則として、武器及び武器製造技術、武器への転用可能な物品は輸出しないこととなっていたのです。

一方、新たな「防衛装備移転3原則」には、「紛争当事国や国連安全保障理事会の決議に違反する国など、国際的な平和と安全の維持を妨げることが明らかな場合は、移転しない」等の3つの原則を盛り込んでいます。しかしながら、「紛争当事国」を「武力攻撃が発生し、国際の平和及び安全を維持しまたは回復するため、国連安保理がとっている措置の対象国」と限定していますので、安保理で拒否権を持っている安保理常任理事国は、世界のあちこちで武力行使をしてきた国でも、対象になることはありません。

今回の「3原則」見直しの理由として、一つには、米国をはじめとする友好国との武器の共同開発・生産にわが国が参加するため、もう一つには、防衛装備品のコストを削減するため、と言われています。しかし、従来の「武器輸出3原則等」を見直そうとするこれらの理由には、大いに疑問があります。

自民党のハト派であった故・大平正芳首相は、「戦争が起きて武器が売れるようになるとよいな、というような産業界を作りたくない」と言っていたと伝えられています。武器・武器技術輸出が禁じられる「紛争当事国」の中から、実質的に米、ロ、中、英、仏を除外する「防衛装備移転3原則」では、これらの国からの武器輸出が大量であることを考えると、故・大平首相の思いは、無残にも潰《つぶ》されてしまうことになるでしょう。

また、防衛装備品の調達コストを下げるには軍縮が一番ですが、最近、世界的に「軍拡競争」の兆候が見られる一方で、軍縮の話はあまり聞こえてきません。ジュネーブ軍縮会議は、近年は実質的交渉や議論の行われない停滞状態が続いていると酷評されています。

日本は、「平和国家」として、武器開発や武器輸出に力を入れるのではなく、もっと国際的な軍縮努力に力を入れるべきなのです。それこそ、防衛装備品の調達コストを下げることになるのです。

「積極的平和主義」は米国の戦争に加担するもの

日本国憲法の3大原則では、「国民主権」「基本的人権の尊重」と並んで「平和主義」が挙げられます。それほど大事な「平和」は、政治の世界でも大きなテーマです。私は、現代日本の政治の最大の役割は「絶対に戦争を起こさせない」ことだと思っているくらいです。それでは、どうやって日本や世界に平和をもたらすことができるのでしょうか。政治家によってその考え方が異なっています。

安倍首相は、「積極的平和主義」で世界平和に貢献することを訴えています。「積極的平和主義」が何を意味するのか正確な定義があるわけではないのですが、首相が「集団的自衛権の行使を含む積極的平和主義」（2015年2月2日参院予算委員会の答弁）という表現を取っていることからは、どうも、「平和を実現するために軍事力を使おう（つまり、戦争に加わろう）」と言っているように思えます。そして、その軍事力も、「日米同盟」の名の下に、米国と一緒になって世界の各地で行使しようとしているように思えるのです。

そのような目論《もくろ》みの中で、安倍政権は、自衛隊還暦の誕生日である2014年7月1日に、憲法解釈の変更によって集団的自衛権の行使を認める閣議決定を行いました。これは、東アジアや世界の国々を「敵」と「味方」に分け、「敵」は力によって捩《ね》じ伏せていくか、あるいは、対立構造の中で「力による均衡」（軍拡競争）を目指そうというものです。

しかし、これは「見せかけの平和」でしかありません。私たちが平和憲法の下で目指すべき「真の平和」は、人類の内なる脅威（戦争、貧困等）や人類への外からの脅威（気候変動、災害、疾病等）に対して、東アジアや世界の国々と協調して取り組み、それらの国々と共存していくことです。

このような視点に立って現在の東アジア情勢、とりわけ北東アジア情勢を見ると、わが国は近隣諸国との協調関係が築けていないどころか、対話すらまともにできない状況にあります。

そして、この状況を打破できない最大の要因は、右傾化を強めナショナリズムを煽《あお》る安倍政権自身にあると言えます。

わが国は、人類の脅威（人類の内なる脅威・人類への外からの脅威）に取り組むための国際的な協調体制を築くため積極的な役割を果たすべきであり、とりわけ、わが国の近隣に所在する東アジア諸国とは共存を目指していくべきです。

「平和創造基本法」の制定を目指せ！

以上のような観点に立って、2014年8月15日の終戦記念日に、超党派のハト派議員で構成される「立憲フォーラム」の近藤昭一会長（衆議院議員、民主党）が、「国際的な協調と共存を図るための平和創造基本法案」（仮称。以下「平和創造基本法案」と言う）を試案として提案し、パブリック・コメントを求めました。

パブリック・コメントは2014年10月までに集約されて検討され、「試案」は、所要の修正（主な修正は、「平和創造基本計画」の策定とそれを策定する平和創造会議の設置など）が行われて、2015年4月1日に公表されました。以上の平和創造基本法案の一連の作成作業においては、私も、近藤会長のお手伝いをさせて戴いています。

平和創造基本法案は、軍事面での対応を規定しようとするだけでなく、「平和的生存権」や

「人間の安全保障」を実現しようとする法案であって、「これから国民の皆さんと一緒にわが国の安全保障の在り方を考えて行こう」とする議論のたたき台となるべきものとして提案されているものです。２０１１年作成の自民党「国家安全保障基本法案」が、軍事的行動に偏重した法案となっているのと違って、「平和創造基本法案」では、真の平和を目指すための「日本が進むべき道」が適切に描かれていると思います。

今、私たちは、これからの日本がどのような国になって行くのか、大事な分岐点に立っていると言えるでしょう。安倍首相のように、軍事力によって「力の均衡」による平和を目指す国になるのか、それとも、アジアや世界の諸国との「協調と共存」を目指す国になるのか、です。その分岐点に立って、どちらの道に歩み出すのかを決めていくのは、現在の有権者である私たち自身であり、私たちが選ぶ政治なのです。私たちの子や孫、そしてその子孫に責任を持ってこの国を引き継いでいけるよう、ここでシッカリと考えなければなりません。それが、現在に生きる私たちの義務であり責任だと思います。

そこで、皆さんの判断に資《し》するため、以下、平和創造基本法制定の「基本的考え方」と「法案趣旨」をご紹介します。また、巻末に「平和創造基本法の要綱素案」（２０１５年４月１日公表）を添付しますので、是非、ご覧になってください。

【平和創造基本法制定の基本的考え方】

私たちが目指す「社会のあり様《よう》」は、私たちの生活が様々な脅威から守られ、私たちの生存が脅かされることのない社会、すなわち、「平和のうちに生存する権利」（平和的生存権）が保障され、「人間の安全保障」が確立されている社会である。

そのため、私たちが目指す「わが国のあり様」は、人類の内なる脅威（戦争、貧困等）と人類への外からの脅威（気候変動、災害、疾病等）に対して、世界各国と協調して取り組む国となることであり、国際的な協調体制が築けるよう積極的な役割を果たす国となることである。このような「わが国のあり様」を通じて、私たちは、「人類の共存」や「世界の国々との共存」を目指していく。

特に、人類の内なる脅威のうち「平和的生存権」を侵害し「人間の安全保障」を脅かす最大のものである戦争に関しては、平和主義及び国際協調主義を理念とする現行憲法の下にあるわが国においては、世界をブロック化し、敵・味方を分けて対立をあおり、集団的自衛権を含む軍事的関与を拡大させようとするような考え方は、許されるべきではない。

そもそも、国際紛争が武力の行使によって真に解決されることはないのであり、紛争の原因を根源から絶つためには、軍事的手段によらないあらゆる解決策を尽くすことが必要不可欠である。今こそ、わが国が有する平和国家としての取組に関する経験を最大限に活用することを通じて、国際の平和の創造に貢献すべきである。
以上の基本的考え方に基づいて、わが国は、「戦争を起こさせない」「戦争被害を最小限に食い止める、戦争を早期に終結させる、戦後復興に最大限貢献する」との基本的視点に立って行動すべきであると同時に、米国の一国支配が終焉し世界で多極化が進む中、世界的な協調体制を築くために積極的な役割を果たすべきである。
（注：安倍首相が唱える「積極的平和主義」は、言葉の持つ印象とは異なり、人類の脅威に対して世界的な協調体制を築こうとするものではなく、敵対的関係にある国の脅威に対してわが国の軍事的関与をも目指すものである。「人類の共存」や「世界の国々との協調」とは似て非なるものである）

【平和創造基本法の趣旨】

以上の考え方に立って、本法律案では、憲法の平和主義及び国際協調主義の理念を踏まえ、特に憲法第9条に関し「他国間の武力紛争への軍事不介入」を前提としてその解釈を確定させるとともに、必要最小限の自衛力の保持と自衛権行使の限界、国連を中心とした国際社会の諸努力への参加の原則、北東アジアの地域安全保障体制の構築推進等を明らかにすることにより、平和主義と国際協調主義に立脚し、国際的な共存を目指すわが国の平和創造への取組を規定する。

「東アジア共同体」の実現を考える

私は、故郷の山口県岩国市近辺在住者をメンバーの中心にした勉強会「市民自らの政策を持とう」会に2013年以来参加しています。この会では、原発問題、民主主義の在り方、集団的自衛権問題、基地公害問題などいろいろな課題についてシッカリと議論をして、市民レベルの政策提言を行ってきましたし、今後も行おうとしています。

そして、私が起草者となって取りまとめ、2014年10月10日に発表したのが、次の『東アジア共同体』に向けて」という提言です。前述した平和創造基本法案の議論を参考としつつ、EU(欧州連合)や東アジアの歴史・現状を踏まえて取りまとめたものです。

「東アジア共同体」自体は、遠い将来の理想を目指したものかもしれませんが、その理想を目標にして進むべき道を間違わないように、一歩一歩前に進んでいくことが大事だと考えます。

提言:「東アジア共同体」に向けて

(市民自らの政策を持とう会)

安倍政権は、憲法解釈の変更によって集団的自衛権の行使を認める閣議決定を行った。これは、東アジアや世界の国々を敵味方に分け、対立構造の中で「力による均衡」を目指すものである。

しかし、私たちが平和憲法の下で目指すべきは、人類の内なる脅威（戦争、貧困等）と人類への外からの脅威（気候変動、災害、疾病等）に対して、東アジアや世界の国々と協調して取り組む国となることである。

このような視点に立って現在の東アジア情勢、とりわけ北東アジア情勢を見ると、わが国は、近隣諸国との協調関係が築けていないどころか、対話すらまともにできない状況にある。そして、この状況を打破できない最大の要因は、右傾化を強めナショナリズムを煽る安倍政権自身にあると言える。

一方、ヨーロッパ諸国は、数百年も続いたドイツ・フランス両国の間の戦争、さらには、第二次世界大戦以後の西欧諸国と東欧諸国の間の厳しい緊張関係を、ＥＵ（欧州連合）という「不戦共同体」を形成することによって解消してきた。このＥＵの歴史的発展の経過から、わが国は多くのものを学ばねばならない。

わが国も、人類の脅威に取り組むための国際的な協調体制を築くため積極的な役割を果たすべきであり、とりわけわが国の近隣に所在する東アジア諸国と恒久的な「不戦共同体」の確立を含めた共存を目指していくべきである。

今、わが国は、安倍政権が目指そうとする「力による均衡」を目指すのか、それとも「協調と共存」を目指すのか、その分岐点に立っている。このような重要な時期だからこそ、敢えて「東アジア共同体」について考え、以下の通り、「東アジア共同体」の形成に向けての提言を行うものである。

なお、「東アジア共同体」の「東アジア」地域は、一般的には、「アセアン＋3（日中韓）」が認識されているが、この提言においては、わが国を取り巻く諸情勢を踏まえて、むしろ、日・中（含む、台湾）・朝鮮半島をコアとなる地域とし、必要に応じ、アセアンも含む場合があり得ることとして位置づけている。

具体的提言

1、「東アジア共同体」形成を将来的目標として持つ

東アジア地域、とりわけわが国周辺地域である北東アジア地域において、その平和と安定、発展と繁栄を実現するためには、地域内の国家間において、軍事的衝突の防止、経済的関係の拡大、政治的信頼の向上等を目指すことが不可欠である。そして、その実現のためには、EU（注1）を一つのモデルとし、将来的目標として、「東アジア共同体」の形成を目指すとの「目標」を持つべきである。「目標」があればこそ、私達が歩みを進めるべき方向を間違わずに済

むし、逆方向に進むことによるロスを生じさせなくて済む。

2、「東アジア共同体」の形成は段階的に進める

「東アジア共同体」を形成するに当たっては、東アジア地域に存在している難しい課題、すなわち、歴史認識の食い違い、相互信頼の欠如、領土問題、政治体制の相違、経済活動ルールの相違、経済力の格差、宗教・文化の違い等を克服（注2）しなければならない。克服が難しい課題ではあるが、克服のためには、東アジア諸国との間での日常的な外交・交流をより積極的に行うことは当然として、EU設立とその拡大の歴史に学んで、東アジア地域内の国家間において、早急に共通の歴史認識を持つための作業を実施するとともに、課題に応じて、①分野別協力を行う方法、②協力対象国を段階的に増やしていく方法、③協力の度合いを緩やかなものから強力なものに進化させていく方法、等をケース・バイ・ケースで採用していくべきである。

3、緊急の措置として、軍事的リスクへの対応を強化する

将来的目標に向かって段階的に作業を進めることとしつつも、現状の東アジア、とりわけ北東アジアにおいて最優先で緊急に取り組むべきは、軍事的リスクへの対応を強化することであ

る（注3）。具体的には、「突発的な軍事衝突が生じない仕組み」、「万が一、地域的・突発的軍事衝突が起こった場合の緊急対応の仕組み」等を作ることを緊急に措置するべきである。これによって、過度に「軍事的脅威」を誇張する風潮を防止し、地域内の安全保障に関して冷静な議論を促すという効果も期待できる。

4、中長期的視点に立って、速やかに青少年交流の拡充をする

より中長期的な視点に立って真の「協調と共存」を実現するためには、EUの代表的な国である仏・独の成功例に学び、東アジア諸国（とりわけ、日・中・韓3国）の青少年交流をエリゼ条約（注4）の水準並みに拡充していくべきである。青少年交流は、当然、国レベルでの取り組みが中心となろうが、自治体レベル、民間レベルでの取り組みも奨励されるべきである。その際、先の大戦で東アジア諸国に多大な被害と混乱をもたらしたわが国は、その経済力も活かして主導的に取り組むべきである。

【注】

（注1）「欧州連合」または「ヨーロッパ連合」。EUに対する評価には賛否両論（批判としては、「新自由主義的ルールを欧州市場に持ち込む「トロイの木馬」であった」等）があるが、域内主要国間での軍事衝突が想

定され得ず、物理的にも不可能となっている「不戦共同体」が形成されたことは、何よりも高く評価されるべきである。EUは、その点が評価されて、2012年度のノーベル平和賞を受賞した。経済的、政治的統合を目指し、それが大きく前進したことが「不戦共同体」を実現させたと言えよう。

（注2）「克服」とは、必ずしも「諸国間の違いを無くし、すべてを同じにする」ということではなく、「違いを最小限にする努力をしつつも、違いとして認容できるものはお互いに認め、共存していくことを可能な状況にしていく」ことも含まれると考える。

（注3）アセアン諸国は、数千の島々の領域確定ができていない域内にあって数十の領土紛争を抱えているが、アセアン創設以来40年間、ARF（アセアン地域フォーラム）設立20年後の今日に至るまで、一度も軍事衝突を起こしていない。

（注4）仏のドゴール大統領（当時）と西独（当時）のアデナウアー首相（当時）が1963年1月に仏大統領府（エリゼ宮）で署名した独仏協力条約。戦後の独仏和解を確認した外交文書で、欧州統合を主導する両国の「特別な関係」の土台となった。過去50年間の成果として、計約800万人にのぼる若者の交流をはじめ、共通の歴史教科書づくりや、独仏2カ国語の放送局の開設が挙げられる。

第2部　日本経済と地域経済の再生に立ち向かう

第5章 アベノミクスは本当に日本経済を再生できるのか？

「アベノミクス」は政治的プロパガンダ

経済は、政治にとって重要な政策課題です。どのような経済体制を取っていくのか、どのような経済政策を講じていくのか、正に、政治が決めてきたことです。しかも、目の前の経済・景気・雇用の動向が選挙結果に大きな影響を与えていることを考えると、政治家自身の浮沈《ふちん》にとっても重要な課題です。

日本の経済体制は一応確立していますので、現在問題なのは経済政策のあり方ですが、安倍政権の経済政策と言えば「アベノミクス」です。アベ首相とエコノミクス（経済学）を合わせて名付けたこの経済政策は、次の「3本の矢」から構成されています。

1、大胆な（異次元の）金融緩和：2％のインフレ目標の下、日本銀行が無制限に市中から

国債や投資信託の買入れ等を行い、マネー・サプライ（通貨供給量）を増大させる量的緩和を行う

2、機動的な財政運営：大規模な公共投資（国土強靭化）と、その財源としての国債の日銀買取り

3、民間投資を喚起する成長戦略：企業活動を邪魔するルールの緩和、成長産業への公的支援など

安倍首相は、自ら、アベノミクスについて、「この道しかない」、「この道を、迷わずに、進むしかありません」と表現してきました。２０１４年11月に衆議院を解散した時も、この解散を自ら「アベノミクス解散」と銘打って、「アベノミクスが正しいのか、正しくないのかについて国民の信を問いたい」と言っていました。

しかし、安倍首相らが当時主張していたように「アベノミクスの成果が、いまだ地方や中小零細企業・庶民に行き渡っていない。いまだ道半ばだ」ということなら、安倍首相のやるべきことは、残されていた2年間の衆議院議員の任期期間中に、アベノミクスの成果が出るように最大限の努力をすることだったはずです。その成果を踏まえて次の総選挙に臨むのが、本来の政治のあるべき筋道だったはずです。

そうした努力をする前に、アベノミクスに対する国民の支持が有るか無いかを選挙で決着を

つけようとする姿勢は、結局、「アベノミクス」は政治的プロパガンダにしか過ぎなかったものと言わざるを得ません。また、「アベノミクスが正しいのか正しくないのか」は、国民が判断しにくい争点であるために、同年12月に行われた総選挙は史上最低の低投票率を記録し、選挙戦略的には安倍首相の「思う壺」にはまってしまいました。

それはさて置き、あと1、2年も経てば、「アベノミクスの成否」については事実で実証された結論が出てくると思いますが、ここでは、もっと理論的にアベノミクスを検証してみることとしたいと思います。

アベノミクスのポイントは「第3の矢」

これからお話しする経済や財政のお話は、大阪大学社会経済研究所・小野善康《おのよしやす》教授から学んできたことが基本になっています。そこで、小野教授と私の関係についてまずご紹介しておきたいと思います。

小野教授は、「ケインズ理論の瑕疵《かし》を乗り越える独自の不況理論を打ち立て、世界的にも評価されている」（萱野稔人・津田塾大准教授『金融緩和の罠』共著、集英社新書　２０１３）と評されている経済学者です。その著書にも、『不況のメカニズム』（中公新書　２００７）、『成熟社会の経済学』（岩波新書　２０１２）等があり、わが国の現在の経済社会情勢に適合する政策を策定するのに不可欠な経済理論を展開しています。「ケインズ理論の瑕疵」という点に関しては、「ケインズは、物価の変動に時間がかかることによって起こる一時不況の発生と、それの対処としての名目貨幣の供給量の政策的増大しか説明せず、人が持つお金への欲求を需要不足に結び付ける理論（長期不況の理論）は提示しなかった」と指摘しています。

私は2009年末、小野教授が大阪大学の教授時代に、菅直人・国務大臣（国家戦略・経済政策担当）が主催する勉強会で初めてお会いし、それ以来いろいろと学ばせて戴いてきました。小野教授は、2010年から2012年にかけて内閣府の経済社会総合研究所所長を務めた経験があります。その当時、私も内閣府副大臣兼内閣官房国家戦略室長を務めており、政府の経済政策、成長戦略や財政運営戦略の策定に際して助言を戴いたり、意見交換をさせて戴き、経済・財政政策のあり方について親密な議論をさせて戴きました。

お金をばらまけば不況は解決するのか？

私は、安倍晋三氏がアベノミクスを提唱した頃から、その政治的プロパガンダの絶大さに不安を感じながらも、「アベノミクスの第1の矢である『大胆な金融緩和』は『需要の前倒し』であり、第2の矢『機動的な財政運営』は『所得の前借り』であり、短期的には効果が出るかもしれない。しかし、中長期的には、それらの政策の反動や副作用が心配されるので、第3の矢『成長戦略』が大事だ」と主張していました。

これに対し、小野教授は、マネー・サプライ（通貨供給量）とCPI（消費者物価指数）との過去から現在までの相関関係を示すグラフ（次頁図2参照）を使って、「長期不況の中では、アベノミクスの第2の矢はともかく、第1の矢は効果がない」と断言されています。小野教授が現代の日本社会を評して名付けた「成熟社会」では、人が「モノやサービスを消費する魅力よりも、お金を保有することの方に魅力を感じる」のですから、少々お金を配っても、それが消費に向かわないというのです。

小野教授は、「現代は、『生産力が不足し、欲しいモノばかりで、お金はモノを買うためのもの』である『発展途上社会』ではなく、『巨大な生産力があり、欲しい物が少なくなって、むしろお金を増やしたい』という『成熟社会』になっている」としています。

小野教授のアベノミクスに対する評価を理解するためには、アベノミクスに象徴される金融緩和派と小野理論との違いの要因となっている「貨幣保有動機」の違いを知っておく必要があります。この違いが、「短期不況時の政策（金融緩和派の政策）」と「長期不況時の政策（小野理論の政策）」の違いをもたらすことになります。

つまり、小野理論も金融緩和派も、同じように「人々の貨幣保有動機」が不況の原因であると考えます。しかし、金融緩和派が「お金が足りないから、人々がお金をためこんで不況にな

図２　通貨供給量とCPIとの相関関係（成熟社会への転換点）

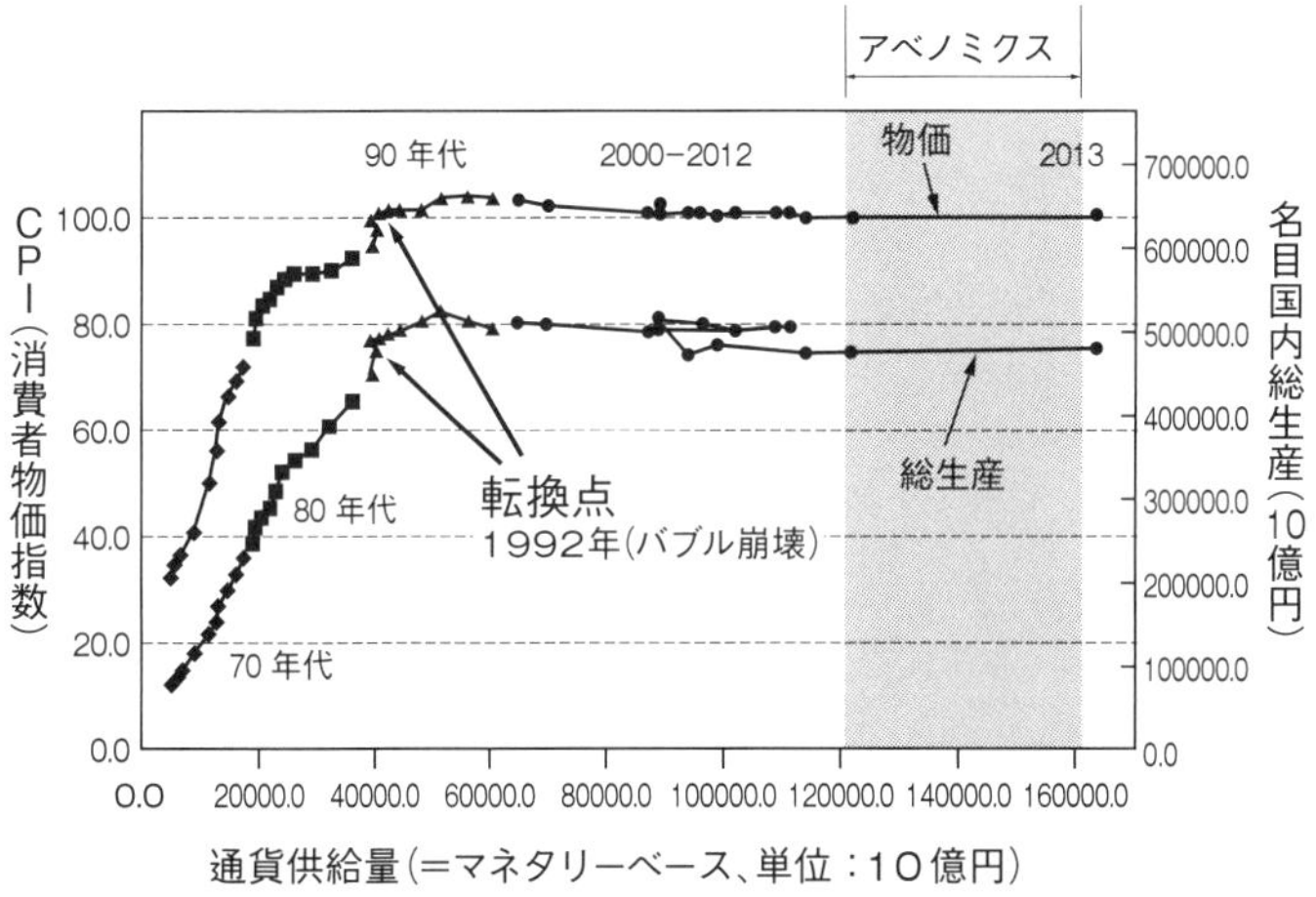

出典：内閣府、日銀の資料より小野善康が作成

る。だから、お金を刷ってばらまけば不況が解決する」と主張するのに対し、小野理論は、「人々はお金が足りないからモノを買わないのではなく、貨幣保有に比べてモノ・サービス消費の魅力が足りないから買わないのである」と主張しているのです。

しかし、それでも、「お金の魅力がなくなるほどお金を配ったらどうなるのか」という疑問は、残ります。例えば、「このまま金融緩和を続けていけば、インフレとなってお金の価値が大幅に減少するから、今のうちに使っておかなければ損だ」という意識が国民に出てきた時は、アベノミクスは効果が出てくるのではないか、という問題です。アベノミクスは、正にそれを狙っている政策と言えるのでしょう。

アベノミクスは庶民の生活を苦しくするだけ

この問題について、小野教授と萱野稔人《かやのとしひと》・津田塾大学准教授との対談を本にした『金融緩和の罠』（集英社新書　2013）を参考に解答を探ってみると、次のようになります。

「物理的にはただの紙切れでしかない紙幣や国債が、価値を持つものとして信用される実体的な裏付けは、政府が国債（国債購入によって発行される紙幣を含む）を税収によって着実に返済するという政府の徴税力・財政力であり、その徴税力の対象となる国内の経済力である。例えば、GDP（国内総生産）が数兆円しかないのに、数十兆円の税を徴収することは不可能と考えるのが普通。

政府がお金をばら撒き（国債や紙幣の大量発行）過ぎて国債や紙幣の信用が無くなれば、国債や紙幣は紙くず同然となる。そうなると思った時、人は、自分の持っているモノをお金と交換したいとは思わないし、自分の持っているお金（円）をドルや金（きん）に換《か》えようとして、円の価値が猛烈に下がっていく。これがハイパー・インフレーションだ。

成熟社会の長期不況においては金融緩和では需要は増えないので、通常のインフレは起こらない。起こるのは、貨幣が紙くずとなるハイパー・インフレだ。つまり、『程よいインフレ』は起きないのだ。一度ハイパー・インフレになったら、経済の局面が全く変質してしまう。金融を引き締めても後の祭りで、取り返しがつかない。」

ハイパー・インフレとは、日銀券が信用を失い、本来の紙に戻ることです。

最近のハイパー・インフレでは、21世紀初頭のジンバブエのそれが有名です（２００８年に、月間数億％の物価上昇率を記録）。わが国でも、第2次世界大戦後、１９４５年10月から１９４9年4月までの3年6カ月の間に、消費者物価指数は約１００倍（敗戦後のインフレは年率59％）となりました。その時、戦中の日本政府の借入金総額は国家財政の約9倍に達していたそうです。

現在のわが国の状況を見てみると、２０１５年5月8日に財務省が発表した２０１４年度末の国の借金残高は1053兆円と過去最大を更新しました。2013年度の一般会計予算額は約96兆円ですから、借金残高は国家予算の約11倍となります。これを戦後の状況と比べてみると、ハイパー・インフレの発生する可能性を否定できないでしょうが、小野教授は、「現在の日本経済の状況では、政府が『財政改革遂行案（今の財政収支をプラスマイナス・ゼロか少しプラスにする改革を実施する案・後述114頁参照）』を維持しようとしている限りは、その可能性は少ないであろう」と言っています。

仮に、前述のように「財政改革遂行案」と併せて「アベノミクス」が実施されるならばハイパー・インフレを起さないにしても、アベノミクスによる金融緩和策は、「需要を増大させデフレ経済を克服する」という道筋よりも、「円安による輸入品の価格上昇がもたらす物価上昇に賃金の増加が追い付かないで、庶民生活が苦しくなる」という道筋の方が現実的になりつつあるように思います。

そもそも安倍首相が言うように、本当に「この道しかない」のであれば、他の国でも同様の政策を取ろうという動きが出てきてもおかしくないはずです。しかし、他の国々は、アベノミクスの「実験」を見守っているだけです。近いうちに、「アベノミクスが正しいのか、正しくないのか」の結論が見えてきます。国民は、その結論を冷静に見極めていく必要があると思います。

「成熟社会」での需要拡大をどう実現するのか

２０１４年5月10日、私がスクール長を務めていた「政治スクール」は、小野善康教授を山口県岩国市に迎えて、「成熟社会とアベノミクス」との演題で公開講演会を開催しました。その講演の中に、小野教授の理論を基とした経済政策のヒントが示されていますので、ご紹介します。私は、このお話を踏まえた経済政策の策定が必要だと思います。

「成熟社会では、家計は、モノやサービスの購入を控えてお金を倹約することになるので、総体的に需要が減少する。他方で、企業は、既存製品の生産の効率化を図るので失業が拡大する。このような家計と企業との行動によって、デフレ不況が生じてくる。

このような成熟社会への転換点は、日本では１９９２年のバブル崩壊時、欧米では２００８年のリーマンショック時である。それぞれの時から、日本も、欧米も、消費者物価は上昇せず、名目ＧＤＰ（国内総生産）も増加していない。

成熟社会では、アベノミクスの中心的な『矢』である金融緩和は、政治的に採用しやすい（納税者の負担なし、政府への批判なし等）が、お金の供給量を増やしても、人はそのお金を貯め込むだけで、需要を増加させる効果はない。

必要なことは、『最大の無駄は労働力を遊ばせておくことである』ことを認識することだ。

労働力を遊ばさないためには、政府が、人の幸福度を高める創造的消費を促したり、人の幸福度を高める公的サービスを提供したりすることに役割を果たすことが、大事である。これによって、経済的には、需要が拡大されてデフレが緩和されると共に、雇用が創出されて雇用不安が軽減され消費が拡大する。

政府が提供すべきは、『必需品』ではなく、自立できない事業による『ぜいたく品』（自立できる事業なら民間がやればよい）である。例えば、高齢化社会での介護や健康、安心安全を求める社会での再生可能エネルギーや環境だ。

一つのアイデアは、年金制度を『現金給付』中心から『現物（サービス）給付』中心とすること。若者の負担で高齢者に現金を給付しても、あまり消費には回らないので、若者からお金と仕事を奪うだけ。現物（サービス）給付なら、高齢者にサービスを、若者にお金と仕事を、それぞれ与えることができる。

民間需要が拡大してきたならば、そこで政府は引っ込めばよい。そこが、社会主義経済と違うところだ。」

小野理論は、理論としては魅力的であるだけでなく、正しいものであると思いますが、実社会で経済政策として実行しようとすると難しい問題があります。「どうやって、公的サービス提供のための財源を調達していくのか？　これ以上、公的部門の借金を増加させることは難しいし、大幅な増税は政治的にも難しい」、「一旦拡大した政府支出（公的支出）を、いつの時点でどのようにして止めるのか？　民間関係者の既得権益を奪うのは、政治的にも難しい」ということではないでしょうか。

この点を、小野教授とも議論しましたが、政治的困難さを克服して実行が可能な具体的な解決策は、まだ見つかっていません。最近、「寄付」と「儲けるための投資」の中間的な存在であると位置づけられる「社会的投資」が注目されていますが、それを活用する方策も一つのアイデアかも知れません。さらに検討を続けてみたいと思います。

小野理論実践としての「再生可能エネルギーへの転換」

一般的には、以上の通りなのですが、実は、２０１１年3月の福島第1原発事故の後、原発を含むエネルギー政策をどのようにすべきなのかの議論の中で、私は、「小野理論を実践する好例として、再生可能エネルギーへの転換を政策的に進めることとしてはどうか」という問題意識を小野教授、当時は内閣府経済社会総合研究所長に投げかけ、賛同を得ました。

小野所長は、経済社会総合研究所の中で研究のプロジェクトチームを作るなど、研究・調査をされ、その結果を「エネルギー転換の雇用効果」（小野善康、松原弘直、小川敦之著、大阪大学社会経済研究所）で発表しました。詳しい説明は、一般向けの著書である『エネルギー転換の経済効果』（岩波ブックレットNo.８６０　２０１３）を読んで戴きたいと思いますが、私なりにポイントを整理すると次のようになります。

「再生可能エネルギーの固定価格買取制度（ＦＩＴ）を活用する等のため、国民各者の電気料金支払いはある程度大きくなるが、政策的に、再生可能エネルギー転換の目標・スケジュールを設定することで投資家に投資を促していく。

その投資は、不況下の経済状況の下（正に現在の不況下）では、他の分野から労働力や生産資源を奪うものではないので、日本経済にとって、本当の『負担』とはならない。つまり、エネルギー転換の費用を誰かが払う分、再生可能エネルギー関連の新事業に投資した人には新たな所得が生まれるので、日本経済全体の負担になるのではない。

不況期の再生可能エネルギーへの転換は、『安全・安心』という直接的な便益に加えて、『雇用創出』による景気へのプラスの波及効果を生み出す。不況期では、総就業誘発数は59万人（エネルギー転換による直接的な雇用増34万人、消費増加による雇用増25万人）、経済拡大効果は年間２兆円となる（「２０２０年度の再生可能エネルギー発電量が２００９年度の総発電量の20％」とするエネルギー転換シナリオに基づく）。

ただし、固定価格買取制度によって電気料金の上昇があり得るが、それは、不況期では総需要に影響を与えないものの、電気集約産業から電気節約産業への産業構造転換をもたらすことになる。

なお、再生可能エネルギーへの転換は、農地との関係が深いことから、農業地域の産業振興の効果も持つこととなる。」

もう一つの小野理論の実践は、私が菅直人内閣の内閣府副大臣兼内閣官房国家戦略室長の時代に作成した「財政運営戦略」の中に盛り込んだ「恒久的財源の増収を雇用増加に使用」という政策的方針です。これについては、第6章の「国家戦略としての『財政運営戦略・中期財政フレーム』」で後述します。

また、小野理論を直接認識していたわけではないと思いますが、実際に地方で実践しようとした人が、山口県出身の飯田哲也《いいだてつなり》氏（NPO法人「環境エネルギー研究所」所長）です。飯田哲也氏は、2012年7月に投開票が行われた山口県知事選挙において、再生可能エネルギーへの転換を地方から進める「山口からのエネルギー維新」を政策に掲げて選挙戦を戦いました。これについては、第7章の「第一次産業と再生可能エネルギー産業の連携」で後述します。

第6章 日本財政の累積債務問題と財政健全化をただす

累積債務の解決策はハイパー・インフレか⁉

２０１４年8月のある日、私の地元のミニ集会で、ある参加者から「藤巻健史・参議院議員が書いた『迫り来る日本経済の崩壊』（幻冬舎　２０１４）を読むと、長期債務が８００兆円にも膨張した日本財政の累積債務を解消する手段はハイパー・インフレーションしかない、と書いてあった。私もそう思うが、どうですか？」と聞かれました。

責任ある政策立案者が「日本財政の累積債務問題の解決策は、ハイパー・インフレだ」と言ったとたんに、日本国債の暴落等困難な問題を引き起こしていまいます。そのことに注意しながらも、日本の政治家や経済学者は、わが国財政の累積債務問題をどう解決するか処方箋を示さなければなりません。

前述書の藤巻健史氏の主張を見てみると、その骨子は以下のようになっています。

「日本銀行がお金を印刷して、ハイパー・インフレーションになれば、1ドル＝300〜400円以上まで円安が進み、ロシアが崩壊した時と同様に長期金利は60〜80％程度まで急上昇する可能性がある。このまま何もせずにずるずると悪くなって2、3年後に崩壊するよりは、今やって早く崩壊させた方が、経済学者シュンペーターの言う『創造的破壊』につながり、その後の回復が早くなる。ここまで公的債務残高が膨らむと、どちらにしても救いようがないので、早く崩壊させた方がよい。

ハイパー・インフレーションになると、財産を持っている高齢者には厳しい状況になるが、若者にとっては、借金のつけを払う必要がなくなる。閉塞感がなくなり、税金を払うために馬車馬のように働く必要はなくなる。世代間の利益の調整が行われる。」

これを踏まえて、ミニ集会参加者の方の「日本財政の累積債務問題への対処」についての質問に対する理論的解答を探っていきましょう。

単純な財政均衡主義やハイパー・インフレは経済の崩壊を招く

まず、鈴木《すずき》勝康《かつやす》・帝京大学教授による結論的な説明を紹介しておきます。鈴木教授は、国家公務員試験上級職「経済職」試験にトップで合格した経済学の俊才です。私とは大蔵省（現在の財務省）1976年入省の同期で、私が内閣府副大臣兼内閣官房国家戦略室長をしていた時に、内閣府参与として、小野善康・内閣府社会経済総合研究所所長や私と一緒に仕事をした人でもあります。

鈴木教授は、「公的債務の危険性と有用性をわきまえてコントロールしていくことが不可欠。単純な財政均衡主義やハイパー・インフレでは、むしろ経済が不安定ないし崩壊する。」との認識を示しつつ、「何のための財政の均衡達成か？　国民経済の健全な発展が大事である。」と端的に表現しています。

結論的には、私もその通りだと思いますが、もっと理論的に理解するために、第5章にも登場した小野善康・大阪大学教授のお知恵をお借りして考えてみたいと思います。以下は、私が、小野教授からご教示戴いたものを整理したものです。

「国債が危機的状況であることは事実です。その解決に、藤巻氏のような『ハイパー・インフレを起こすべし』という意見は、結局、『国債の実質価値を抑える（１２００兆円の国債は、物価が１００倍になれば実質12兆円になる）ことによって、税負担を激減させる』ことを目指したものでしょう。しかし、そのことによって、円取引が実質上機能を停止することになってしまい、本末転倒です。『角を矯《た》めて牛を殺す』の典型です。」

国債累積問題の3つの処方箋を検討する

以上の意見を参考に、小野教授の国債累積問題の解決方法を整理してみます。ただし、いずれも、その実施は非常に困難です。

A案：藤巻案（ハイパー・インフレによる解決策）

日銀がベースマネーを今の100倍、1000倍にしてハイパー・インフレを起こす［ベースマネーを2、3倍にするのではまったく物価に影響しないことは、ベースマネーとCPI（消費者物価）の関係を示したグラフ（101頁の図2参照）でも実証済み］。

ちなみに、ベースマネーとは中央銀行が供給する通貨のことで、「マネタリーベース」、「ハイパワードマネー（高権貨幣）」とも呼ばれています。日本では、市中の流通現金（「日本銀行券発行高」＋「貨幣流通高」）と「金融機関の保有する日銀当座預金残高」との合計値で、2015年4月末残高約306兆円となっています。

先にも述べましたが、ハイパー・インフレとは日銀券が信用を失い、お金がただの紙に戻ってしまうことです。ハイパー・インフレが起これば、人々はお金をできるだけ持っていたくないので、お金を受け取る人もいなくなり、市場取引が破綻します。大混乱となり、金融機能も消え、多分、ドルなどで取引することになるでしょう。アルゼンチンやジンバブエで、その例が見られました。

藤巻案では、「程よい」中間は、あり得ません。

B案：「徳政令《とくせいれい》」案（国債棒引き案であって、政府が突然「国債は無効」と宣言する）

国債保有者だけが損をして、ちょうど同じ額だけ納税者は負担が減る。この意味では、マクロでは何もなく、再分配に過ぎません。しかし、多くの国債を保有している銀行が破綻します。それを支えるために中央銀行が大量に（例えば1200兆円）貨幣を発行すれば、A案と同じことになるでしょう。また、支えなければ、金融機能が麻痺しますから、やはりA案と同じことになります。ただし、円通貨への信頼は残っていますから、銀行からの借入資金で行われる投資や賃金支払いは止まっても、最低限、日々の現金取引は維持されるでしょう。

この方法では、信頼が失墜した政府は二度と国債を発行できなくなります。

C案：財政改革遂行案（今の財政収支をプラスマイナス・ゼロか少しプラスにする）

国債がこれ以上伸びない、もっと正確に言うと「将来も、公債残高が大きいままでも有限に留まる」とすれば、国債の信用も破綻しません（経済学的に言うと「横断性条件が満たされる」

ということです）。

国債の信用は、「現在の人々が将来にわたる国債の価値をどう予想するか」の問題です。「横断性条件」とは、「利子率＞債務の増加率」の状態です。そして、「横断性条件が満たされる」ということは、正確には「現在の人々が、遠い将来の国債価値について、その時の値自体は大きくなるにしても、（利子率の方が債務の増加率よりも大きいので）割引現在価値から見てゼロになる、と確信している」ということです。この条件が満たされなくなると、国債崩壊、金融危機につながります。

「金融機関の信用創造の源泉となる」という意味で、日銀の紙幣と同じく、国債は財務省が発行する信用です。紙幣と国債の二つで日本の金融が支えられています。その信用の維持こそが目的で、国債を全てなくさなくても構いません。

財政改革には二つあり、一つは増税です。日本の税金はまだ低いし、皆がお金を使わないので、その分を税金で取っても景気は悪くなりません。

２０１４年（平成26年）４月１日に消費税が５％から８％に引き上げられましたが、この時もまったく理論通りに、上げる前に駆け込みで消費が増え、上げた後はちょうどプラスマイナス・ゼロになるように消費が減りました。長い目で見れば、結局は景気には中立です。毎回同じなのに、何を騒いでいるのかということに過ぎません。これから先も、元の「安定不況」でしょう。

もう一つの財政改革は、財政支出の縮減です。しかし、財政支出の縮減が雇用の減少をもたらす内容のものであるなら、景気は悪化します。この点を注意する必要があります。

財政改革は、いずれの案でも政府が非難されます。しかし、金融機構は維持されますから、日本の市場経済そのものが破綻するということはありません。

小野教授の結論は財政改革遂行案

財政改革で最も重要なことは、「国民生活を最も幸せにする（効用を最大化する）」ということであることを忘れてはなりません。その一つの条件として「公債の信用を守る」ということがあります。しかし、公債の信用を守るために国民生活を犠牲にしては、本末転倒です。そう考えた小野教授は、結局、C案しかないと結論付けています。

「このまま、政府が何もしなければ、結局は、必然的にB案に追い込まれるでしょう。その前に、C案のうち『増税と、雇用を生む財政支出は確保』という案を着実に実行すべきです。

A案は、政治家の責任放棄です。日銀に責任を押しつけ、コストは日本の貨幣経済の破綻ですが、政治家は無傷です。B案は、『尻をまくる』という意味での責任放棄です。C案は、政治家が責任を取る態度です。しかし、と言うか、それ故、政権が吹っ飛ぶ可能性が高いでしょう。結局、政治家にとって都合がいいのはA案でしょうが、国民経済に最大のダメージを与えます。C案（そのうちの増税の方）を地道に主張して、国民を説得するのが責任ある態度だと思います。ある意味当たり前で、当たり前のことが重要」ということです。

アベノミクスの「成長戦略」は競争社会の推進と大企業等の優遇

C案のように地道な財政改革（増税と財政支出縮減）を実施していくことが必要であることは、多くの人が認めるところだと思います。その上で、その具体的な方法と規模が問題となります。それは、結局、どこに、どれだけの負担を求めるのかという政治的問題、延《ひ》いては国民的問題に帰着するでしょう。

その点で安倍政権は、「アベノミクス」の第3の矢「成長戦略」において、強いものはより強くする競争社会を目指す政策を推し進め、税制面においては、法人税率の引下げのように大企業等を優遇するとともに、大衆課税を強化する政策を取ろうとしています。これらの政策は、日本社会における格差を拡大させ、格差社会を容認することになってしまうでしょう。

しかし、本来目指すべきは、格差のより少ない社会を実現する政策であり、税制面においては、応能負担をより強化する税制改革を進めていくべきだと思います。このことが、需要不足に陥っている現代日本の成熟社会においては、国民全体の需要を高めることに繋がり、経済的にもよい結果をもたらすことになると考えます。

併せて、第5章の『『成熟社会』での需要拡大をどう実現するのか」（105頁）でも触れた、「寄付」と「儲けるための投資」の中間的な存在である「社会的投資」も、「増税に代わるべき財源」、あるいは「財政支出縮減によるマイナスを回避するための手段」として検討されるべきでしょう。

国家戦略としての「財政運営戦略・中期財政フレーム」

小野教授の理論を踏まえて私が実践しようとした具体的政策は、菅直人政権時代の「財政運営戦略・中期財政フレーム」の中に盛り込まれています。菅政権は、「強い経済」「強い財政」を政策目標として掲げ、その政策目標を実現するための具体策として、2010年6月、「新成長戦略」と「財政運営戦略・中期財政フレーム」の二つの主要戦略を発表しました。その中で、私は国家戦略室長（兼内閣府副大臣）として、二つの主要戦略作成の取りまとめ役を担ったのです。

「財政運営戦略・中期財政フレーム」には、「デフレ脱却と安定的な経済成長」を含む経済政策（「新成長戦略」）の策定を前提として、財政政策として取り組むべき財政健全化策を盛り込みました。その財政健全化策には、「消費税を含む税制抜本改革」とともに、小野教授の理論を実践するものとしての「恒久的財源の増収を雇用増加に使用していくこと」を入れています。その点に関し、２０１０年６月に、私が「財政運営戦略・中期財政フレーム」の特徴として雑誌インタビューで説明した部分をご紹介します。

「中期財政フレームでは2011～２０１３年度は、国債費等を除く一般会計歳出を前年度（約71兆円）以下に抑えて「歳出の大枠」とすると記されていますが、〈特例的に「歳出の大枠」が増額できる〉というカッコ書きの部分の内容も入れています。

どういうケースかと言うと、社会保障などで雇用増につながるような政策を実施する際、増税などで財源が確保できた場合に限り、「歳出の大枠」を増額してもいいというものです。増税はするが、その分は雇用（給与支払いなど）に回す。そうすれば、国民のお金は減らずに失業率が減らせる。雇用が増えると所得・消費も増え、税収も増える、という菅首相の経済ブレーンでもある小野善康・大阪大学教授の理論の実践です。

ただ、消費税を含む税制抜本改革はすぐに実施できないでしょうから、先取り的に所得税、相続税などを増税し、財源をひねり出すというやり方もあり得ると思います。短期的には、この部分で成長戦略と財政運営戦略をリンクさせたつもりです。」

「財政運営戦略」の中で示した「恒久的財源の増収を雇用増加に使用していくこと」という

政策的方針は、奇《く》しくも、２０１０年6月に「財政運営戦略」を策定して間もない２０１１年3月に発生した東日本大震災の復興政策を構築する際に活かされました。

東日本大震災が起こったことは大変不幸なことであり、東日本大震災からの復旧・復興も大変大規模な事業となっています。国は、この事態に対し「東日本大震災復興基本方針」を策定し、その下で行われる復旧・復興事業の財源として、日本郵政株式の売却収入4兆円等の外、恒久的財源である復興特別税による増税10・5兆円を手当することによって、２０１１年度(平成23年度)から２０１５年度(平成27年度)までの5カ年度間に25兆円規模の復旧・復興事業を行うこととしました。「災い転じて福となす」ような経済・財政効果が出てくることを期待したいと思います。

安倍政権の消費税増税の問題点

日本財政の累積債務問題に取り組む理論的な考え方は、前述の「国債累積問題の3つの処方箋を検討する」で示した通りですが、その理論を実際に政策として実行すること、とりわけ増税を実施することはなかなか困難です。「税は政治そのもの」と言われます。「税制の在り方」は、国民の支持、理解がなければ成り立ち得ません。

民主党政権下で民主党・自民党・公明党の3党で合意された「社会保障と税の一体改革」に

沿って、2014年4月1日から消費税率が8％に引上げられました（当初、2015年10月1日から予定されていた税率10％への引上げは、2017年4月1日に先送りされました）が、「高収益を上げている大企業を優遇するものである」と言われる「法人税の税率の引下げ」が根強く主張される中で、「大衆課税」あるいは「逆進性の強い税」と言われる消費税は、どのような条件の下で増税が許されるのでしょうか。また、その条件は2014年の増税では満たされたのでしょうか。

以下、順を追ってその条件について考察してみたいと思います。

消費税導入の意義を再検討してみる

1989年（平成元年）に初めて消費税が導入された当時、「消費税には利点がある」として「直間比率のバランス」等が強調されました。

その第1点は「欧州の先進国に見られるように、税収として安定している間接税のウエイトを高め、直間比率のバランスを取るべき」、第2点として「高齢化社会では現役世代の負担が過重になるため、年金生活高齢者や貯蓄生活者層などを含む幅広い各層からも広く薄く徴収することのできる消費税を導入すべき」と説明されました。

この点についてわが国では、消費税導入前は、国税の直間比率はおおむね7（直接税）：3

（間接税）と言われていたものが、２０１０年度では、直接税の割合が56％程度に下がり、間接税の割合が上がっています。国際比較しても、わが国の直接税の割合は、直接税中心の米国を除き、英56％、仏51％、独44％（いずれも２０１０年度）とほぼ同水準になってきています。

したがって、「直間比率のバランス」は、もはや消費税率引上げの理由となりませんが、逆に、これ以上間接税（消費税）のウエイトを高めていくことは、後述の通り、格差の拡大している社会情勢の中で低所得者層の負担を増大させていくという問題を生じさせます。

一方、「社会保障と税の一体改革」の中での消費税率の引上げについては、「社会保障の安定財源確保」と「財政健全化」の目的が強調されました。当時の財務省の資料には以下のように書かれています。

「今回の社会保障改革の目指すところは、『社会保障の機能強化』と『機能維持……制度の持続可能性の確保』であり、社会保障改革の財源確保と財政健全化を同時達成するしか、それぞれの目標を実現する道はない。このような考え方に立って、社会保障・税一体改革においては、社会保障給付にかかる安定財源を確保していくことを通じて、財政健全化を同時に実現する。具体的には、まずは、２０１０年代半ばまでに段階的に消費税率（国・地方）を10％まで引き上げ……」。

この点に関し、2014年度予算について見ると、消費税増収分として計上された5・0兆円（国・地方）の使途として、財務省は「①基礎年金国庫負担割合の引上げに2・95兆円、②社会保障の充実に0・5兆円、③消費税増税に伴う社会保障費増に0・23兆円、④後世代への負担軽減（国債で賄っていた社会保障財源への充当）に1・3兆円」と説明しています。一応、社会保障の財源確保と財政健全化のために消費税増税分が使われていると言いたいのでしょうが、しかし、歳出全体については「財政健全化」努力が不十分（義務的経費や社会保障関係費の増加を除いても1・1兆円の歳出増）です。さらに、2013年度補正予算と合わせて考えてみると、なおさら「歳出削減努力（財政健全化努力）が不十分」との批判は免《まぬが》れない状況です。

消費税の逆進性に対する対策は今後の課題

消費税増税について国民の支持・理解を得るためには、増税時に発生する諸課題にもシッカリと取り組む必要があります。そうした課題として、主に以下の2点が挙げられます。

第1は、消費税の逆進性に対する対策です。

この点については、「社会保障と税の一体改革」の中で、たとえ増税されてもその増税分は「低所得の方々」、「福祉が必要な人々」など逆進性の影響を強く受ける人々に対する給付等に充《あ》てられるという仕組みとし、「消費税収入を社会保障財源として再配分すること」を明確にしたことは、評価できます。

しかしながら、生活必需品に対する消費税率が高率となる場合には、やはり、低所得者等の負担増は、高所得者等の負担増に比べて相対的に高くなります。2014年4月の消費税率引上げに際しては一時的な給付金で対応していますが、いずれは、カナダ等で導入されている「給付付き税額控除制度（低所得者の最低消費支出部分の消費税相当額を所得税で還付、または還付し切れない場合には還付し切れない消費税相当額を給付する仕組み）」の導入等により総合的に「逆進性」を排除または大幅に緩和することを検討すべきです。

この点で言えば、2014年11月に行われた「消費税率再引上げの先送り」決定を巡って、同年12月に自民党と公明党との間で、食料品、生活必需品等に関する「軽減税率の導入の検討」が合意されています。しかしながら、軽減税率制度は、低所得者に止まらず、高所得者にも恩恵をもたらすという「矛盾」を抱えた制度であるとともに、軽減税率の適用対象範囲を巡って、かつて物品税の対象範囲の決定を巡って過度の政治介入が行われたように、政治的にも税制の公平・公正さが損なわれるおそれがあると考えられます。

消費税率引上げ時の経済対策は不十分だ

第2は、消費税率引上げが経済に与える影響についてです。

消費税率引上げによる経済への影響については、経済学的には、「中・長期的にはそれほど大きな影響はない」という実証研究もありますが、引上げ直後のある程度の期間は、引上げ前の駆け込み需要の反動による需要減によって、景気への影響があることは確かです。

小野善康・大阪大学教授が、２０１４年4月の消費税率引上げについて、「まったく理論通りに、上げる前に駆け込みで消費が増え、上げた後はちょうどキャンセルされるほど消費が減った。長い目で見れば、結局は景気には中立です。毎回同じなのに、何を騒いでいるのかという感想です。」と言われていることは、すでにご紹介した通りです。しかし、政治家としては、「反動による需要減への対応策」を考えざるを得ません。

その点、安倍政権の「反動による需要減への対応策」には疑問を持ちます。住宅建築に対するインセンティブの供与は評価できるとしても、従来型の公共事業予算の拡充という対策は、「ムダな公共事業＋財源としての国の借金の増加」によって、むしろ財政面での将来不安を高めることになるからです。

私は、以前から、「再生可能エネルギー全量固定価格買取制度の活用等による再生可能エネルギー設備投資の集中的拡大」を対策の一つとして主張して来ました。これは、利用者の電気料金の支払い増加を通じて国民の負担を高めるものではありますが、国民の安全と環境を守るという意味で、国民生活の向上につながるものだからです。

以上見てきたように、安倍政権下の消費税率引上げについては、①財政健全化努力が不十分、②低所得者等対策は今後の課題、③税率引上げ直後の需要減への対応には疑問あり、と総括でき、消費税増税のための条件を満たしていたとは言い難いのではないでしょうか。

第7章

地域再生を促す「自立的な」地方経済政策

具体性のない安倍政権の「地方創生」

地方経済が低迷しています。自民党政権下の地方に関する経済政策は、従来から公共事業、自治体への補助金、農業補助金、中小企業への補助金など、一部の有力者（政治家、行政官、各団体の役員など）のさじ加減で采配できる「ばらまき型の政策」でした。このような政策は、地方を中央に従属させる結果をもたらしただけで、今さら地方経済の足腰を本当に強くすることは期待できません。

２０１４年12月の総選挙では、与党候補者は一様に「アベノミクスの成果が、いまだ地方や中小零細企業・庶民に行き渡っていない。いまだ道半ばだ」と訴えていました。しかし、それ以前からすでに、アベノミクスによる経済効果が地方において、ほとんど期待できないものであると指摘されていました。そこで、安倍政権は、解散・総選挙のタイミングも見計らいつつ、「地方創生」という言葉を使って、地方への政策を重視する姿勢を示し始めたのです。その結果2014年11月に成立したのが、地方創生関連2法（「まち・ひと・しごと創生法」、地域再生法の一部改正法）です。

しかしながら、「まち・ひと・しごと創生法」は、制度の枠組みを設定するだけの法律で、地方創生のための具体策は何も示されていません。2014年9月の安倍首相の所信表明演説においても、地方創生について「政府として、これまでとは次元の異なる大胆な政策を取りまとめ、実行していく」と言及されましたが、これまでの地方活性化の成功事例を紹介したほかには、具体的に何が「次元の異なる大胆な政策」なのか、全く具体策を示していませんでした。

安倍「地方創生」は「地方従属」を進ませる従来型の政策

他方、石破茂・地方創生相が示して具体化した政策には、①地方自治体への一括交付金と、②中央省庁の官僚や民間人を地方に派遣する制度があります。

このうち、「一括交付金」については、その原型は民主党政権時代に導入し拡充していたものですが、安倍政権は、これを何の説明もなく廃止してしまっていました。今回の「一括交付金」は、これを「復活させた」とも言えず、新規性を持たせたような形式にしています。

具体的には、地方が自主的に人口減対策に取り組めるよう使い途《みち》を縛《しば》らない新型交付金を、2016年度から創設することとしました。これに先行して2014年度補正予算では、個人消費を下支えする「地域消費喚起・生活支援型」（2500億円）と、地方の活性化につなげる「地方創生先行型」（1700億円）の2種類の交付金で、合計4200億円を計上しています。いずれも「交付対象となる事業は自治体の自由な裁量に任せる」としていますが、過去にも類似の仕組みはあり、結局は、今後地方自治体の主体性をどこまで発揮することができるかが成否のカギとなっていると考えます。

また、中央官庁の官僚等を地方に派遣する制度は、これまでも、国から都道府県や政令指定都市等に対して行われてきた、明治時代以来の制度です。これまで「地方自治」や「地方分権」が進んでこなかった大きな原因の一つが、国から地方への官僚派遣による国の地方支配（管理・指導）にあったことを考えると、真の「地方創生」に逆行する制度です。

新しく採用された「地方創生人材支援制度」は、「人材の乏しい小規模（原則人口5万人以下）の自治体を中心とした取り組み」であるとともに、常勤職員として派遣される人材の大半は中央省庁の官僚です。これでは、これまで小規模な自治体は都道府県を通じて国が間接的に支配（管理・指導）していたのが、これからは、国が小規模な自治体も直接的に支配（管理・指導）していくということになりかねません。これでは、「地方創生」ではなく「地方従属」

を目指した政策と言われても仕方ないのではないでしょうか。
以上のことを考えると、安倍政権の「地方創生」も期待薄と言えそうです。

目指すべきは「自立的な」地方経済政策

私は、地方経済政策は、一定の基準に基づいて公平・公正に行政サービス（資金供給を含む）が受けられる「普遍型の政策」を目指すべき、と考えます。このような政策によってでなければ、各地方間の適正な競争を促すとともに、各地方内においてもそれぞれの特性を活かした自立的な努力を可能にすることができないと考えるからです。

このような視点に立った地方経済政策は、実は２０１２年末の民主党マニフェストにも、反映され、次のようなものが掲げられていました。

・より多くの資源が地方にある再生可能エネルギー（太陽光発電、風力発電、バイオマス発電等）の飛躍的な普及を実現し、地域に産業と雇用を生み出す（２０２０年までに１４０万人以上の雇用創出）。
・地方に多くいる高齢者などを対象とした医療・介護の分野で働く人を増やしていく（民主党政権３年間の実績約85万人増を踏まえ、２０２０年までにさらに２８０万人の雇用創出）。
・農業の６次化（作物の生産、加工、小売り等の組み合せ）の推進や戸別所得補償制度の法定による安定化で、農林水産業で働く人の安定と増加を図る。

２０１２年末の総選挙で民主党が政権を失ったことから、これらの地方経済政策は継続実施されることにはなりませんでした。しかしながら、地方の自立を促す経済政策としては、より普遍型の政策であるという点でより好ましい政策だ、と今も考えています。

第一次産業と再生可能エネルギー産業の連携

２０１２年６月22日、ＮＰＯ法人「環境エネルギー研究所」の飯田哲也《いいだてつなり》所長が、７月29日投票の山口県知事選挙出馬表明の記者会見を、山口市内のホテルで行いました。無所属での出馬でした。

飯田さんには、10年位前、山口県で再生可能エネルギーを推進していく話を聞かせてもらった時に初めてお会いし、同じ山口県出身ということもあって親近感を持っていました。２０１１年９月の民主党代表選挙で私たちが代表選挙用の政策集作りをした時も、脱原発依存と再生可能エネルギー推進の政策についていろいろとアドバイスを戴いた経緯もあります。

私も、以前から、「飯田さんは山口県知事になってほしい人だ」と思っていましたので、出馬を決意してくれたことを大変うれしく思いました。私が「飯田さんに知事になってほしい」と思っていた理由の一つは、山口県から「エネルギー維新」を起こして欲しいと考えていたからです。

山口県は「明治維新のふるさと」で、かつて幕藩体制を壊し新しい日本を創る原動力となった地です。しかし、今や、山間部や農村・山村・漁村は、過疎化、高齢化、少子化に苦しんでいます。これらの地域では、第一次産業と再生可能エネルギー産業が結びつくことが、その地域の再生をもたらします。飯田さんの著書『エネルギー進化論—「第四の革命」が日本を変える』（ちくま新書　２０１１）にも書かれているように、欧州のエネルギー革命も地方自治体の取り組みから始まったのです。若者が活き活きと働き、生活できる田舎が戻ってくる、そんな日本の「エネルギー維新」を、是非、山口県から起こして欲しいと思っていたのです。

飯田さんは、前述の記者会見において、「出馬への決意——故郷山口をほんとうに豊かな地域社会に」を発表し、その中に「山口からのエネルギー維新」を盛り込み、世界で湧き起っている「第４の革命」と呼ばれる再生可能な自然エネルギー革命を山口県で実現させる強い意欲を示しました。

残念ながら、飯田さんは、自民党の推薦する山本繁太郎候補（元・国土交通審議官）に敗北しました。その後、山本繁太郎知事が２０１４年1月6日に健康上の理由で辞任され、再び山口県知事選挙が行われることになりました。しかし、用意周到に候補者を発掘してきた自民党の手回しの良さに、飯田さんの立候補は見送られ、「山口からのエネルギー維新」は日の目を見ないでいます。

第8章 「脱原発」を目指して

安倍政権の「なし崩し的原発維持」政策

２０１１年3月の福島第1原発事故を大きな契機として、わが国のエネルギー政策、とりわけ、原発に依存しようとしてきた電力政策が問われてきました。この点に関しては、民主党政権（野田佳彦内閣）は、討論型世論調査などの国民的議論を経て、２０１２年9月、「革新的エネルギー・環境戦略」閣議決定において、「２０３０年代までに原発稼働ゼロを可能とするよう、あらゆる政策資源を投入する」と決めました。

ところが、２０１２年末に誕生した安倍政権は、国民的議論を経ることなく、「原発は重要なベースロード電源」と位置付けた「エネルギー基本計画」（２０１４年4月策定）によって、結果的に「なし崩し的な原発維持政策」を取っています。しかも、「ベースロード電源」という一般国民には耳慣れない言葉で、「原発がいかに優れた電源であるのか」を訴えようとしているのです。

「ベースロード電源」とは、前記の「エネルギー基本計画」においては「発電（運転）コストが、低廉で、安定的に発電することができ、昼夜を問わず継続的に稼働できる電源」であって、例として「地熱、一般水力（流れ込み式）、原子力、石炭」発電が挙げられています。しかし、「ベースロード電源」をより正しく説明すれば、「安定的に発電することができる電源で、昼夜を問わず継続的に稼働できるならば低廉に発電することができる電源」と言うべきです。

後者の説明に基づいて原発を評価すれば、たびたび運転が止まっている原発は、「安定的に発電することができ、昼夜を問わず継続的に稼働できる電源」とは言えません。熊本一規《くまもとかずき》・明治学院大学教授は、「『ベースロード電源』たるには、設備利用率80％以上という要件を満たさなければならないが、原発はその要件を満たせない。」と言っています。「設備利用率」とは、一定期間（例えば、1年間）における発電設備の「発電能力」に占める「実際に発電した電力量」の割合のことで、熊本教授によれば、原発の設備利用率は、２０１２年までの5年間平均で47・1％、10年間平均で56・7％に過ぎません。

また、原発が「低廉」かについても、熊本教授は、「設備利用率次第で最も安い電源は変わり、必ずしも原発が最も安くなるわけではない」（『脱原発の経済学』緑風出版　２０１１）と言います。そして、「政府が使っている原発の『設備利用率70％』に替えて、２０１２年までの10年間の『平均設備利用率56・7％』を用いるだけで、原発の発電コストは『8・9円／kWh～』から『10・99円／kWh～』となり、原発と石炭火力の優位性は逆転する」と指摘しています。

現在、安倍首相は、エネルギー政策とりわけ原発政策について、今後も国民的議論を行う意向は全く示していません。

ここでは、私たちがどのように原発問題について議論を進めて来たかをご紹介し、安倍首相に国民的議論を行うよう強く求めたいと思います。

「脱原発ロードマップ」の作成

福島第1原発事故から1年あまりが過ぎた頃、新しい原子力規制組織の設置が決まる過程において、政府や各政党の中では、脱原発依存や分散型エネルギーシステムへの転換についての議論が進められ、２０１２年夏までの「革新的エネルギー・環境戦略」の決定が急がれていました。この時点で、私は、「民主党は政権与党として、『安全・安心のために脱原発を確実にしたい』との国民の声に応え、省エネ・再生可能エネルギー普及で新しい経済成長や地域活性化を目指すことと併せて、脱原発への明確な工程（ロードマップ）を策定して行かなければならない。」と考えました。

そして、原発問題に危機感を持った民主党の有志国会議員72人が呼びかけ人と賛同人になって、2012年4月12日、「脱原発ロードマップを考える会」を設立し、第1回会合（設立総会）を開催しました。世話人には、近藤昭一衆議院議員が会長役として、その他、岡崎トミ子参議院議員（当時）、福山哲郎参議院議員、辻元清美衆議院議員が就任し、顧問には、菅直人・元首相、江田五月・元参議院議長が就任しています。私も、事務局長役として世話人の一人に就任しました。

第1回会合以来、私たちは、本格的な脱原発のロードマップを考えるため計10回の会合を開催して議論を積み重ね、同年6月27日、「脱原発ロードマップ第一次提言」を取りまとめました。この「提言」の公表後、それを関係大臣（藤村修・官房長官、枝野幸男・経済産業大臣、細野豪志・原子力行政担当大臣、古川元久・国家戦略担当大臣：それぞれ当時）に直接手渡し、政府内における検討を依頼しました。

私は、この提言が、民主党政権下における脱原発政策の原点となり、同年9月に民主党エネルギー・環境調査会（前原誠司会長）が取りまとめた提言「『原発ゼロ社会』を目ざして」や、同月に民主党の野田内閣が閣議決定した「革新的エネルギー・環境戦略」に繋がって行ったと自負しています。

「脱原発ロードマップ第一次提言」は、当時の私たちの心意気を示すものとして、また、今後原発政策のあり方を議論する原点として、是非皆さんに見ていただきたいと思いますので、以下に、その内容（本文）をご紹介します。なお、「脱原発ロードマップ第一次提言」には、図解や説明が付いていますが、図3（次頁の「脱原発ロードマップ概念図」）以外は、ここでは省略しています。

脱原発ロードマップ第一次提言

脱原発ロードマップを考える会

1．基本的考え方

２０１１年3月11日、東日本大震災において福島第一原発の事故が発生し、16万人の福島の人々は故郷を追われ、働く場を失い、あるいは家族を引き裂かれました。それに加え、周辺地域に甚大な被害をもたらし、食や健康の安心・安全への脅威も含めて国民全体に大きな不安と恐怖を与えるとともに、国民経済に大きな打撃を与えました。

原発は、リスクの巨大さでも、放射性廃棄物の問題でも、「倫理的」なエネルギーではありません。一旦事故が起これば無限大の被害が発生する可能性があるうえ、一度に大量の電源が失われることなど、エネルギー安全保障上、極めて脆弱なシステムです。また、いまだに放射性廃棄物の最終処理が確立できておらず、仮に確立できたとしても、10万年以上の長い管理が

図３　脱原発ロードマップ概念図

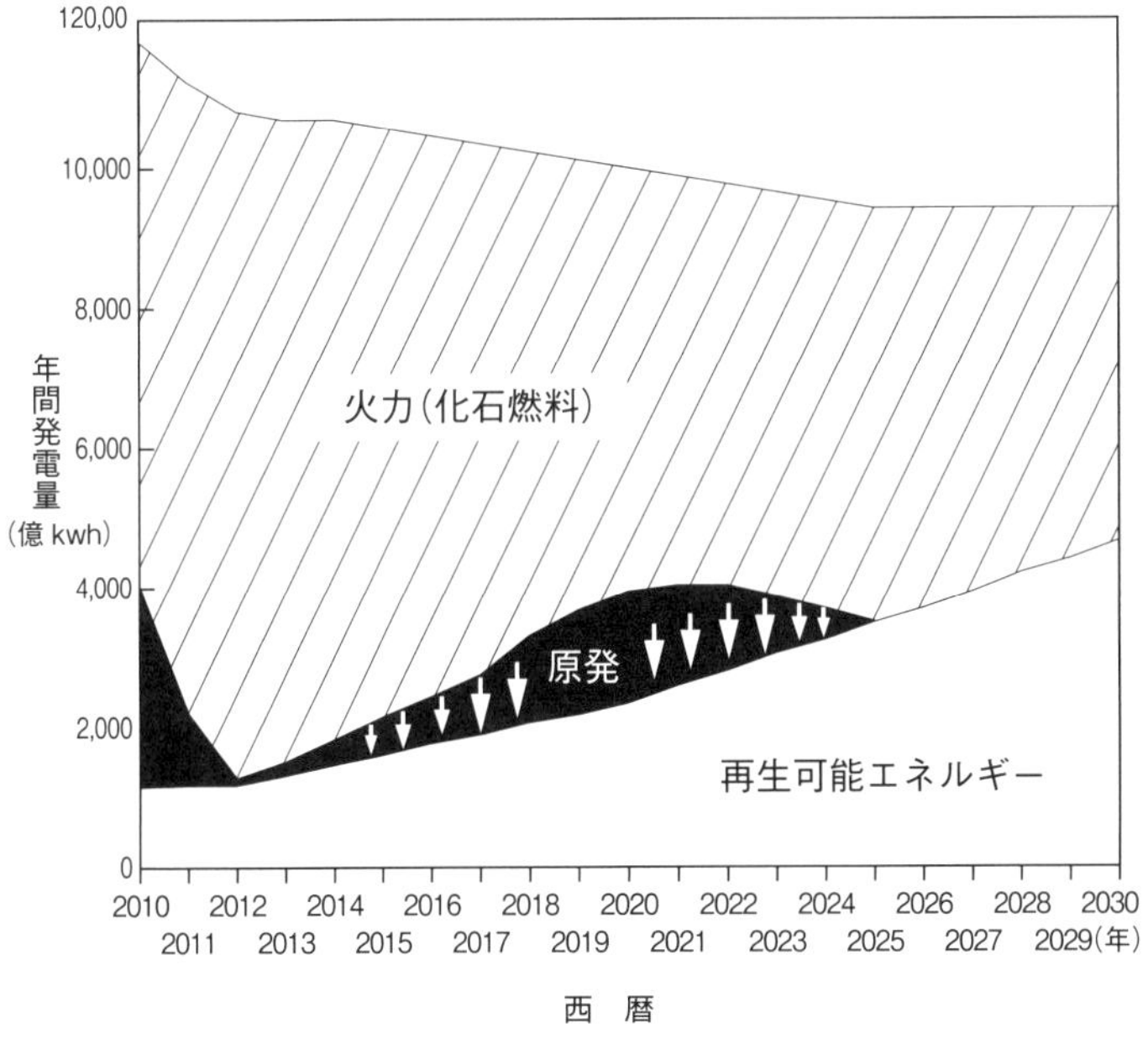

■ 2025年度までの脱原発に向けた廃炉の基準

① 福島第一(5〜6)、第二(1〜4)、女川(1〜3)、浜岡(3〜5)は、ただちに廃炉。
② その他は「40 年廃炉」基準で廃炉。原発の新増設は無し。
③ 上記②以外の廃炉基準は新組織で適切に判断。

出典：民主党「脱原発ロードマップを考える会」

必要とされるものです。

原発による被害を受けるのは、原発の利益を享受している現世代の人々にとどまりません。「未来の世代」の人々も、事故のリスクに晒され、放射性廃棄物を大量に抱え込むことになります。今意思決定することのできない未来の世代に、膨大な付けを回すべきではありません。

他方で、エネルギー問題は深刻さを増す一方です。世界的な人口増、新興国の台頭などにより、今後、エネルギー需給はひっ迫し、価格は高騰していくと予想されます。しかも、エネルギー消費の拡大は、地球環境問題・気候変動問題にも深刻な影響を与えるでしょう。エネルギー効率が悪く、エネルギーの大量消費を前提とした原発及び大規模集中型のエネルギーシステムでは、21世紀最大とも言えるエネルギー問題に応えることはできません。いまこそ、省エネルギーと再生可能エネルギーを中心とする分散型エネルギーシステムを構築するとともに、そこで得られた知見、技術、経験等を世界各国に発信していくべきです。

2. 遅くとも2025年度までの出来るだけ早い時期に脱原発
本会の議論の中では、現在わが国のすべての原子炉が停止していることを踏まえて、このまま脱原発を実現すべきとの意見がありました。一方、全ての原子炉について停止のまま廃炉にするためには、解決すべき課題や合意形成すべき論点があることも事実です。以上を踏まえ、本会は、遅くとも2025年度までの出来るだけ早い時期に原子炉の稼働をゼロとし「脱原発」を達成することを提言します。

これとともに、エネルギー政策の主軸を、エネルギー効率向上及び再生可能エネルギーへとシフトし、2025年度までに省電力2割（2010年度比）、再生可能エネルギーの総発電量に占めるシェアーを4割程度にまで高めることも併せて提言します。

なお、「脱原発」実現までの間の廃炉基準や再稼働基準については、別途適切な判断が行われるべきことは言うまでもありません。

3．新しいエネルギーシステムへの転換による経済成長・エネルギー安全保障・温暖化対策

新しいエネルギー政策を進める具体策は、コージェネの推進、石炭からガスコンバインドサイクルへの転換、商業化された省エネ技術の普及促進、再生可能エネルギーの熱・電力総合利用の推進、需要・供給両面でのエネルギーマネジメントの推進等です。

そのため、電力系統強化や発送電分離などの電力市場改革や、規制緩和・強化、税制改正など、総合的な政策パッケージを打ち出し、中央集中型エネルギーシステムから分散型の新しいエネルギーシステムへと転換していきます。また、需要サイドにおいて電力をはじめ熱や運輸燃料などエネルギー消費削減余地は非常に大きいことから、省エネルギー推進のための税制改

正など、政策措置を積極的に推し進めます。

そして、以上のような省エネルギーと再生可能エネルギーに関する具体的な政策を力強く展開することによって新たな成長産業を創出し、国内投資・雇用拡大を促進すると同時に、環境負荷・温暖化リスクやエネルギー安全保障リスクを最小化します。

このように、原発に依存しない新しいエネルギーシステムの構築は、エネルギー領域の抜本的な改革にとどまらず文明の転換であり、エネルギー消費削減・温室効果ガス削減を達成しながら経済成長する、21世紀型の新たな経済社会システムへのパラダイムシフトを実現することでもあるのです。

4．解決すべき課題や合意形成すべき論点

本提言を実現するために次のような課題があります。これらについて、本会でも引き続き検討をすすめ、提言していきます。

（1）発送電分離、電力系統強化等、電力システム改革によるエネルギー産業の競争力強化
（2）再生可能エネルギーの拡大及びエネルギー効率向上による成長戦略・地球温暖化対策
（3）新たな分散型エネルギーシステムに関する国際的な協力体制の構築
（4）電力の安定供給を維持し電力料金の高騰を防ぐ対策（特に化石燃料調達対応）

（5）電力会社の経営問題に対する対策
（6）ピーク時電力供給の確保及びピークカットのための施策（節電を含む）
（7）核燃サイクルの抜本的な見直しを前提とした使用済み核燃料の管理・処理の進め方
（8）原発関係施設立地及び周辺地域において雇用を確保し、また地域自立型経済に転換するための積極的な支援
（9）核廃棄物の処理及び廃炉、汚染対策、核セキュリティ、医療等における原子力関連の技術・研究レベルの向上並びにそれらのための人材の確保

「脱原発基本法案」の提案

「脱原発ロードマップを考える会」は、「第一次提言」を踏まえた脱原発を実現するための次なるステップとして、「脱原発基本法案」を国会に提出すべく、「脱原発基本法案要綱案」を作成しました。２０１２年７月29日には、この要綱案を政権与党である民主党の輿石東・幹事長（当時）に手渡し、「脱原発基本法案を国会提出すべく、民主党の正式機関で法案の協議を行ってほしい」との要請を行いました。輿石幹事長は、「要請は真剣に受け止めたい。さっそく党の役員会で、今後の取り扱いについて協議したい」と回答してくれました。ところが、結局、民主党では、この法案を国会提出するには至りませんでした。

しかしながら、「脱原発基本法案」については、その後、脱原発を実現しようとする超党派の国会議員が集まって議論を重ね、修正された法案が、２０１２年秋の臨時国会の会期末に国会に提出されています。ただし、政権与党であった民主党では、党として「脱原発基本法案」の国会提出には合意が得られず、民主党有志議員の多くが、この法案に対し「賛同する」旨の意思表示をするに止《とど》まりました（その後、「脱原発基本法案」は、審議未了で廃案）。

小泉元首相の「脱原発」発言

２０１２年末、自民党は、「遅くとも10年以内には、将来にわたって持続可能な『電源構成のベストミックス』を確立」との政策方針を掲げて総選挙に勝利しました。その後に安倍政権が誕生して以来、原発政策は「なし崩し的維持」政策になっています。脱原発を主張する各野党も、「一強多弱」と言われる国会情勢の中で、その存在感が国民には感じられていないように思います。

そんな中で、小泉純一郎・元首相が２０１３年11月1日の講演で「核のゴミの処分場のあてもないのに原発を進める方がよほど無責任」「今こそ原発をゼロにする方針を出せば、世界に例のない循環型社会へ結束できる」などと述べたことに対し、マスコミやインターネットでも多くの反応があり、小泉元首相の「脱原発」発言の波紋が広がりました。

小泉元首相が言っていることは、これまで私も主張してきたことですし、私だけではなく、菅直人・元首相、小沢一郎・「生活の党と山本太郎となかまたち」共同代表なども従来から主張してきていることです。しかし、小泉元首相の発言は、これらの政治家の発言がマスコミやインターネットにおいて無視、または敵視されているのとは違い、好意的に取り扱われていたように思います。その理由は、以下のことにあるのでしょう。

まず、第1に、小泉元首相の発言がこれまで自らが言ってきたことを変えたこと、が挙げられるでしょう。テレビ放送でも、小泉元首相が首相現職時代に原発の必要性・有用性を答弁している場面がしばしば取り上げられていました。それも、「変質」したことを好意的に取り上げていたように思います。

第2に、これまで「変わり者」として認識されてきた小泉元首相が、自民党の現政権の方針と異なる意見を述べたこと、が挙げられるでしょう。「3・11を経験した政治家でも意見を変えなかった人がいるのに、意見を変えた理由は何か」と問われて、一言、「感性ですね」と答えるだけで「どこ吹く風」の様子ですが、それが反って「さわやかな風」を感じさせるのです。

第3に、自民党政権の政策に影響を与える可能性が高いのではないかという期待が持てたこと、が挙げられるでしょう。なぜか支持率が高い安倍首相は、かつては小泉首相（当時）に珍重され、首相に引き上げてもらったという「恩」があるので、この「恩」に応えるかもしれないと思われたのです。しかし、今では、それは期待できなさそうです。

第4の、そして最大の理由は、小泉人気の高さゆえに国民に訴える力があること、が挙げられるでしょう。残念ながら、菅元首相にしても、小沢一郎氏にしても、マスコミの報道振りもあってか、今や国民的な人気はパッとしません。小泉元首相の人気が本物かどうかは別として、国民、特に原発維持派の人々にも影響を与える可能性は高いのではないでしょうか。

エネルギー政策に関する議論を行うために

このように国民の注目を受けた小泉元首相ですが、2014年1月に行われた東京都知事選挙では、脱原発で同じ考えを持つ細川護熙・元首相を候補者として共に「脱原発」を訴えて選挙戦を戦ったものの、大差で敗北しました。同じく脱原発を訴えた宇都宮健児候補（元日弁連会長）と票が分かれてしまったことも大敗の原因の一つでした。

しかし、小泉元首相も細川元首相も脱原発目標を諦《あきら》めたわけではありませんでした。脱原発を目指す「一般社団法人・自然エネルギー推進会議」を2014年5月7日に設立したこともあり、次の国政選挙では大きな影響力を行使するのではないかとの憶測もありました。しかし、残念ながら、同年12月の総選挙ではお二人の存在感は全くありませんでした。今後の国政選挙等に向けて、お二人には、安倍政権による情報発信に負けないだけの情報発信をマスコミや国民に対してして欲しいと願っています。

わが国で脱原発政策を実現するためには、再生可能エネルギーの大幅な拡充が不可欠です。この点、最近の経済産業省や電力会社の動向は、FIT（固定価格買取制度）の利用制限を一方的に進めようとしたり、最近の電気代の値上げの責任をことさら再生可能エネルギーの増加に押し付けたり、不可解なことが多くあります。その原因の大きな一つは、自民党の一党独裁的状況の中で、エネルギー政策に関する情報開示が十分に行われなくなったり、エネルギー政策に関する「国民的議論」を行おうという雰囲気が全く揉《も》み消されたりしていることから、十分な議論が行われていないことにあると思います。

大事なエネルギー政策ですから、もっとオープンに、もっと活発な議論が行われてしかるべきです。そのためには、政治そのものにもっと緊張感が必要であることは論をまちません。政治に緊張感をもたらす意味でも、小泉、細川両元首相には政治的にもっと頑張って欲しいと思います。さらに、菅直人・元首相や小沢一郎・共同代表にも、現職国会議員として国会などの公の場で安倍首相ともっと頻繁に対決して欲しいと思います。

地方自治体の取り組みに国民世論を活かそう！

そうは言っても、国政の場面で原発政策を議論することは、今の「一強多弱」の国会状況では難しいでしょう。国民の世論は、依然として脱原発を望む声の方が多数を占めているという状況（例えば、２０１５年2月17日に実施された朝日新聞世論調査でも、原子力発電を利用することへの賛否については、「賛成」が37％で、「反対」は44％という状況であった）なのですから、何とか、この世論が反映される道を探らなければなりません。

この点で、注目したいのは、脱原発派の保坂展人・世田谷区長が２０１５年4月に再選されたことです。保坂氏とは、２００５、６年に共謀《きょうぼう》罪創設法案の成立を阻止するために共闘した間柄でもあります。

保坂氏が初めて挑んだ4年前の世田谷区長選挙は、２０１１年3月の福島第1原発の大事故が起こった直後でしたから、脱原発派の保坂氏が当選しても不思議はなかったかもしれません。しかし、今回の再選に向けての選挙は、全国的に福島原発事故が風化しつつあると指摘されている中で行われました。選挙公報にも「原発は廃炉へ。安全優先でエネルギー転換を進めます。」と明記し、19万６０６８票得票と自民・公明の推せんする相手候補に約10万票の差をつけて勝っています。再選は、保坂氏自身の区長として多方面での実績もあったと思いますが、脱原発に向けた保坂氏の取り組みも評価されたのではないかと思います。

その取り組みとしては、「脱原発をめざす首長会議」（２０１２年4月28日創設。２０１５年3月17日現在で、全国38都道府県１０８名（元職46名含む）の会員）のメンバーとして情報発信するとともに、エネルギー大消費地として、「世田谷区自然エネルギー活用促進地域フォーラム」の開催、区役所で使用する電力にＰＰＳ（特定規模電気事業者）も参入できる入札制度の導入、全国の地方自治体との友好交流関係を生かした再生可能エネルギー発電事業の支援などに取り組んできています。

山口県知事選挙に挑んだ飯田哲也氏は、前述のように、地方での再生可能エネルギー産業を飛躍的に増大させる「山口県からのエネルギー維新」を訴えていました。エネルギー生産地とエネルギー消費地がそれぞれの特性を活かした活動を行うとともに、両者がうまく連携することで、「脱原発」への現実的な道が開けてくる可能性も大いにあります。国民世論が選挙に反映されることによってそのような取り組みを行う地方の首長が多く誕生するよう、私たちも頑張らなければなりません。

私自身も、国政レベルでの議論がより深まるよう、また、地方自治体における取り組みが成果をあげられるよう、これまでの経験と人脈を生かして貢献して参りたいと考えています。

第3部　日本の治安と市民の人権を守る

第9章 「共謀罪《きょうぼうざい》」に見る治安と人権との相克《そうこく》

「共謀罪」創設への目論見《もくろみ》

国民が安心安全に暮らしていくために治安が維持されることは、大変大事なことであり、政治においても重大な課題であることは論をまちません。他方、治安維持を名目として一人一人の人権が侵されることも、あってはならないことです。ここに、「治安」と「人権」とが相克《そうこく》する場面が登場することになります。

安倍首相は、この分野において、これまで話題にも出てこなかった新たな課題を提示しているわけではありません。しかしながら、今までの自民党政権の下で続いてきた、あるいは提案されてきた制度・政策は、「治安」の確保をより重視した内容のものとなっています。世界的にも「治安」が安定していると評価されるわが国において、「治安」の確保を理由にして、より監視型・管理型の社会にしていこうとしてきたのです。そのような中で、私は、民主党「次の内閣」法務大臣として、あるいは、民主党の野田佳彦内閣の法務大臣として、多くの「治安」と「人権」に関する政策課題に直面して来ました。

安倍政権の下で、２０１５年3月13日に「取り調べの可視化」に関する法案が閣議決定されていますし、ごく近いうちに「共謀《きょうぼう》罪の創設」問題についての法案が国会提出されることが確実になっています。また、いずれ、「死刑制度の在り方」問題や「人権救済委員会の設立」問題について、わが国が国際社会からの批判を受ける可能性が高まっています。

本章では、第3部のトップ・バッターとして、「共謀罪の創設」問題について、私自身がどのように考え、行動してきたのかを御紹介し、皆さんにも広い視野に立って共に考えていただきたいと思います。「共謀罪」とは、簡潔に言えば「複数の人が話し合って具体的な犯罪を実行することを合意しただけで処罰される犯罪」のことです。

安倍政権の法務大臣の方針

安倍内閣の上川陽子法相は、共謀罪の創設に関し、法相就任に当たっての２０１４年11月10日のインタビューで、「国際社会と協調しながら組織犯罪と戦うことは重要な課題であり、（共謀罪創設のための）法整備を進めていく必要がある。（いろいろな）不安や懸念を踏まえながら、慎重に検討している。法案をいつ提出するかは未定だ。」と述べています。

この考えは、第2次安倍内閣の歴代法務大臣（谷垣禎一、松島みどり）も一貫して同じでした。菅義偉・官房長官も、同年9月の記者会見で「テロや組織犯罪と戦う中、条約上の義務を果たすために改正が必要であることは、否定はできない。」とも述べていますから、いずれ共謀罪の創設法案は国会に提出されることは間違いありません。

今後、自公政権は、いろいろな理由（特に、国際的な条約批准のためとか、国際的な組織からの要請に応えるためとか、国際的な要請を根拠とする理由）を付けて「共謀罪の創設」を国民に迫ってくると思いますが、その理由を鵜呑《うの》みにしてはなりません。次に述べるように、共謀罪の存在は、わが国の社会を暗黒社会に変えてしまいますし、その創設をしなくても国際的に対応可能だからです。

以下、共謀罪創設の問題点を明らかにするとともに、これまでの経緯等を踏まえて共謀罪創設を阻止する論拠をお示ししたいと思います。

共謀罪とは何か

共謀罪は、2000年11月15日に第55回国連総会で決議された「国際的な組織犯罪の防止に関する条約」（「国連越境犯罪防止条約」とも言いますが、以下、条約の英語名の頭文字を取った条約名である「TOC条約」と言います。）の中で、「条約締結国は犯罪化すべき」とされた犯罪です。わが国においては、TOC条約自体は、２００３年5月に国会で承認されていますが、条約締結（批准）のために共謀罪を国内法制化すべきか否かが、今、問われているのです。

TOC条約において、TOC条約締結国は「共謀罪」を犯罪化することが要請されていますが、共謀罪に関するTOC条約の規定の概要は、次の通りです。なお、TOC条約では、TOC条約締結国は、「共謀罪」と「参加罪」について、そのいずれかまたは両方を犯罪化することを要請されていますが、本書では、説明の複雑化を避けるために「参加罪」については省略します。

『TOC条約第5条（共謀罪）

締約国は、故意に行われた次の行為を犯罪とするため、必要な立法その他の措置をとる。その犯罪は、犯罪行為の既遂または未遂に係る犯罪とは別個の犯罪とする。

・重大な犯罪（＊）の実行の合意（合意内容の推進行為を伴い、または組織的な犯罪集団が関与するものに限定することは可能）』

（傍線は著者による）

（＊）条約に規定される「重大な犯罪」とは、「長期4年以上の自由を剥奪する刑またはこれより重い刑を科することができる犯罪」とされています。

このTOC条約第5条の規定に基づき、政府（小泉内閣）は、共謀罪の創設を目指す法案を

2003年3月に国会に提出しました。その法案は、「犯罪の国際化及び組織化並びに情報処理の高度化に対処するための刑法等の一部を改正する法律案」として提出され、その法案の中に「組織的犯罪処罰法の一部改正」として共謀罪の創設規定が手当てされていました（以下、共謀罪の創設を盛り込んだ法案を、便宜的に「共謀罪法案」と呼びます）。

以下に、政府が国会に提出した共謀罪法案の概要を示します。

「組織的犯罪処罰法第6条の2第1項

次の各号に掲げる罪に当たる行為で、団体の活動として、当該行為を実行するための組織により行われるものの遂行を共謀した者は、当該各号に定める刑に処する。ただし、実行に着手する前に自首した者は、その刑を減軽し、または免除する。

一．死刑、無期・長期10年超の懲役・禁固の罪　　5年以下の懲役・禁固

二．長期4年以上10年以下の懲役・禁固の罪　　2年以下の懲役・禁固」

（傍線は著者による）

TOC条約による共謀罪の主な適用範囲

共謀罪の説明にあたっては、まず「そもそも何を目的としてTOC条約が国連決議されたのか」をシッカリと押さえておいていただく必要があります。すなわち、TOC条約は、「金銭

的利益その他の物質的利益を得るため」（第2条（a））に犯罪を行うことを目的とする「マフィアのような犯罪組織」が行う次のような犯罪行為の防止・摘発についての国際的協力を推進するものなのです。これらの対象犯罪行為は、対マフィアを念頭にTOC条約採択文の中で示された主な犯罪行為です。

①薬物や銃器の不正取引、②盗難品の密輸、③詐欺《さぎ》・横領等の企業犯罪や経済犯罪、④通貨・支払カード等の偽造、⑤汚職、⑥脱税や資金洗浄等の金融犯罪、⑦売春、⑧不法移民、⑨女性・児童の密輸等

このように、TOC条約は国際的な（越境性のある）組織犯罪を防止・摘発することが主たる目的です。このようなTOC条約の必要性と有用性は私たちも否定するものではありません。しかし、わが国の現行刑事法体系でも、TOC条約の下での対象犯罪行為の防止・摘発についての国際協力が十分にできると考えています。むしろ、後述するように、わが国には銃砲刀剣類取締法など他の国にはない厳しい取締り法規があるため、他の国よりもより犯罪の少ない国になっており、TOC条約が求めている以上の国際協力が可能となっていると言ってもよいと思います。にもかかわらず、自公政権は「共謀罪の創設」を目指しているのです。

共謀罪では「犯罪の合意」のみで処罰対象になる

共謀罪の問題点の第1は、共謀罪が近代刑法にそぐわない犯罪であることです。この点について、日本弁護士連合会（日弁連）は、その配布するパンフレットの中で次のように言っています。

「近代刑法は、犯罪意思（心の中で思ったこと）だけでは処罰せず、法律によって保護されている利益（保護法益）が現実に侵害されたり、現実的な危険性が生じて初めて処罰対象になります。具体的な結果・被害が生じれば『既遂《きすい》』、犯罪行為への着手で現実的な危険性が生じれば『未遂』として処罰されます。

ただ、殺人や強盗など、一定の重大な犯罪については、未遂よりも前の準備段階の行為を予備罪として処罰することがあります。しかし、『予備』は極めて例外的なものであり、この場合も、犯罪の計画だけでは足りず、予備の準備行為が必要です。

これに対し、共謀罪は、二人以上の者が犯罪を行うことを話し合って合意することを処罰対象とする犯罪のことです。具体的な『行為』がないのに話し合っただけで処罰するのが共謀罪の特徴です。」

わが国の近代刑法理論から見て問題があることは明らかだと思います。

共謀罪は盗聴・密告・自白偏重の暗黒社会をもたらす

刑法理論からの問題だけではありません。共謀罪の問題点の第2は、共謀罪が、私たちの日常生活を息苦しくするような大きな影響を与える危険性を含んでいることです。

第1に、共謀罪は、話し合って合意をすれば成立する犯罪ですが、「合意」というのは「心の中で思ったこと」と紙一重の段階です。そのため、単に「疑わしい」とか、「悪い考えを持っている」というだけで、人が処罰される事態があり得ることになります。

第2に、共謀罪の捜査では、通常の犯罪と違って被害事実や物的証拠を探すことは困難です。そのため、日常的な会話や通信・メールなどで「合意」の内容を把握することになります。そのため、通信傍受（盗聴）や会話傍受が幅広く求められることになります。

また、取り調べにおいても、自白偏重の取り調べになりがちで、冤罪《えんざい》を生じさせる危険性も高くなります。「取り調べの可視化」の導入を決めた2014年9月の法制審答申の基準では、共謀罪は「取り調べの可視化」の対象にはなり得ません。

第3に、盗聴などのほか、「合意」をした仲間からの「密告」が奨励されることになります。事実、政府が提出した共謀罪法案では、実行着手前に自首（密告）した人には、「必要的な刑の減免」（必ず刑の免除、軽減が行われる）規定が盛り込まれていました。

このように、捜査当局が、市民生活の中に入り込んで、監視型社会を作ってしまい、息苦しく、暗い社会がやってくるおそれもあるのです。

現行法のままでもＴＯＣ条約は批准できる

私や日弁連などは、「わが国は、現行法のままでも、ＴＯＣ条約を批准することは可能である」との見解を持っています。その立場から、日本の刑事法の現行体系がどのようにＴＯＣ条約の批准要件を満たしているのかを説明します。また、仮に、国際的に「特定の処罰規定が不足している」との指摘があり得そうな処罰規定があるのであれば、それについては個別具体的に対応することで十分であると考えています。

ＴＯＣ条約には、国内法制化に関する規定と、それを補足・説明する立法ガイドラインがあります。それらによれば、共謀罪を国内法制化するにあたっては、「立法上の措置は、締約国の国内の法律の基本原則と合致した方法で行えばよい」し、「国内法の起草者は、条約の意味と精神に集中すべき……、新しい法が国内の法的な伝統、原則や基本法と一致するよう確実にすべき」としています。この点をシッカリと認識しなければなりません。

大事なことは、国際的な（越境性のある）組織犯罪を防止・摘発するというＴＯＣ条約の目的に向けて、各国がＴＯＣ条約の規定にできる限り沿って、自国の法律の基本原則や法的な伝統と整合的な法制度を整備することです。

現行法はすでにTOC条約の「共謀罪」を整備している

そこで、わが国の法制度の状況です。共謀罪は、前述したように、わが国近代刑法における法律の基本原則や法的な伝統にはそぐわないものですが、共謀罪に密接に係わる具体的な法整備状況は次の通りです。

①被害が重大な犯罪については、共謀罪（身体財産を害する目的をもって爆発物を使用することの共謀など15個）及び陰謀《いんぼう》罪（往来危険罪の陰謀など8個）が、すでにわが国国内法で犯罪化されている。これらは、形式的にもTOC条約の「共謀罪」の要件を満たしているものである。

②わが国国内法で予備罪（40個）及び準備罪（9個）として立法されているもの及び軽犯罪法第1条第29号（身体加害の共謀者が予備行為を行った場合の共謀者の処罰）は、TOC条約の「共謀罪」のうち、「合意内容を推進するための行為を伴うもの」に限定した共謀罪と評価できる。

③外国では「共謀罪」としてようやく犯罪化される場合であっても、わが国では、重大犯罪行為の準備・予備段階の行為を「犯罪行為の未遂又は既遂に係る犯罪とは別個の犯罪」として犯罪化する方式の法律（例えば「銃刀法」などの法律）で幅広く立法化されている。

④また、前記①から③までに記載した犯罪については、その犯罪に係る教唆《きょうさ》犯、幇助《ほうじょ》犯及び

共謀共同正犯もあり得る。

以上のように、TOC条約の「自国の国内法の基本原則にしたがって、必要な措置（立法上及び行政上の措置を含む）をとる」との規定及び国内法の整備状況を踏まえれば、わが国の現行法は、すでにTOC条約の「共謀罪」に相当する犯罪を実質的に整備していると言えます。したがって、一部について「条約の留保」等が必要となる可能性を否定するものではありませんが、何らの新規立法をすることなく、TOC条約の批准をすることは可能なのです。なお、「条約の留保」というのは、「国家が条約の締結に際し、その条約の目的・内容の全体には同意し、その締約国となる意思を有するものの、その条約の『特定の規定』の自国への適用について、その法的効果を排除しまたは変更するために行う一方的宣告」のことです。

蛇足として言えば、仮に「国内法として不足している」と国際的に批判されるもの（例えば、特定の犯罪の共謀罪や予備罪が不足しているとの指摘）がある場合には、個別に検討していくことも今後の検討課題と考えられると思います。

「条約の留保」は政府限りの判断で可能

以上のように、私たちは、「TOC条約で規定されている共謀罪や参加罪を新たに創設しなくても条約の批准は可能である。仮に不足する部分があるのであれば、『条約の留保』をすればよい」と主張しています。ただ、その際に問題となるのが、「仮に、現行刑事法制度の下でTOC条約の批准が可能であったとしても、『条約の留保』が必要とされる事態があった時に、TOC条約についてわが国がその批准をするに当たって『条約の留保』を付すことができるのか」という問題です。「わが国の現行刑事法は、形式的にはTOC条約の『共謀罪』を満たしていない」と批判される可能性もあり得るので、「条約の留保」という対応を取る選択肢も、念のため検討しておく必要があります。

政府は「TOC条約については『条約の留保』はできない」旨の答弁をしていますが、私たちは「留保は可能である」と主張しています。結論的には、「TOC条約についても『条約の留保』をすることは可能である」ということになるのですが、ちょっと専門的な話になりますので、興味のある人だけお読みください。

「条約の留保」には、国際法上次の二つの種類がありますが、TOC条約の共謀罪については次の②に該当します。

①留保条項に基づく留保：条約の中に明示的な留保条項（＝留保を認める規定）がある場合の留保。国会の議案（条約の承認案件）には、留保についての記載なし。

②「条約法に関するウィーン条約」第19条に基づく留保：「条約の趣旨及び目的と両立しない

ものであるとき」は留保不可。国会の議案には、留保内容を明示する。

ＴＯＣ条約は、２００３年の通常国会において、留保を付さないで承認をすることを国会に求めた条約であり、国会がその通り承認をしています。したがって、政府は、「ＴＯＣ条約の留保条項に基づく留保」はあり得ても、「ウィーン条約法条約に基づく留保」については、「本条約は留保を付さないで締結（批准）することになる」（２００５年10月21日衆院法務委員会での外務省・長嶺政府参考人の答弁）との立場をとっています。

しかしながら、実は、過去には、留保の内容が示されて「留保付きの批准」が国会で承認された「社会権規約」という条約があって、留保付きで条約を批准した後に、「留保の撤回」を行ったことがあります。留保の撤回を行う際、政府は、「国会承認の対象はあくまでも条約を『締結』することにあって、条約の留保を付するか否かは行政府の権限に属するものである。」として、「留保の撤回には、国会承認は不要」との見解を示しました。ちなみに、国会の承認なしに留保を撤回したのは、民主党政権下の２０１２年９月11日で、先ほどの外務省官僚答弁（２００５年10月21日）があった７年後です。

以上のことから、ＴＯＣ条約についても、政府限りの判断で留保を付して条約を批准することが可能であると考えられます。もっとも、国会が、ＴＯＣ条約について「条約の留保」を付して批准することを承認する決議を改めてすれば、何の問題もありません。要は、批准する気があるか否かの問題なのです。

ＴＯＣ条約の締結状況と国会での審議

　ここでＴＯＣ条約の国際的な締結状況に触れておきます。ＴＯＣ条約は２０００年11月15日に国連総会で採択された後、同年12月12日から同15日まで署名に開放され、原署名国は１４７カ国に上りました。２０１５年３月29日現在では、条約加盟国（条約を批准した国）は１８５カ国に上っています。原署名国で未加盟国であるのは、コンゴ、イラン、日本、韓国の４カ国です。このような状況にあることから、わが国のＴＯＣ条約の批准が急がされているのです。

　次いで、国内の動きです。２００３年３月に国会提出された共謀罪法案について、初期の段階では、「共謀罪の創設自体には反対であるが、国際的な組織犯罪の捜査に相互協力しようとするＴＯＣ条約の批准のために必要不可欠なものであると言うならば、共謀罪の内容を最大限制限的にして創設することは止むを得ない。」というのが、当時野党第1党であった民主党の立場であり、民主党は、その立場から、「共謀罪創設に伴って生じるおそれのある弊害をできる限り少なくする。」という方針に基づいて、法案審議を行っていました。

　そして、その立場と方針に基づいて、２００６年４月28日、民主党は、衆院法務委員会において共謀罪法案の修正案を提出しています。当時、衆院法務委員会の野党筆頭理事であった私が中心となって取りまとめた民主党の修正案の主な内容は、次の通りです。
①政府案が犯罪行為の主体となるものを単に「団体」（市民運動団体、労働組合、会社等も含まれます）と規定していたものを、より限定的に考えるという趣旨で「組織的犯罪集団」としました。そして、「組織的犯罪集団」とは、「重大な犯罪を実行することを主たる目的または活動とする団体」と定義しました。
②共謀罪の犯罪成立要件として「予備行為」や「準備行為」が必要であるとして追加しました。条約では、共謀罪の成立のために「合意の内容を推進するための行為（学術的には「顕示行為またはオーバート・アクト」と呼ばれます）」を要件とすることが認められています。民主党修正案では、わが国の刑事法制においては「予備行為」または「準備行為」が顕示行為に当たるとして、これらを犯罪の成立要件としました。
③共謀罪の犯罪成立要件として「越境性（国際性）」を追加しました。もともとTOC条約は、「国をまたぐ犯罪（越境性のある、または国際的な犯罪）」を対象とするものなのですが、政府は、「TOC条約（第34条の2）で国際性の要件を付することを認めていない」と主張して、法案では「越境性（国際性）」の要件を外していました。しかし、TOC条約の本来の目的を考えれば「越境性（国際性）」を付してもよいと考えたのです。ただし、必要があれば、「条約の留保」等を行うことも考えていました。

④共謀（合意）の対象となる犯罪としての「重大な犯罪」を限定しました。政府案では、TOC条約の規定通り、「重大な犯罪」を「長期4年以上（の懲役または禁固）」の犯罪としていましたが、それでは対象犯罪がわが国では615（当時）に上りました。そこで、民主党修正案では、「長期5年超」の犯罪に限定することとし、対象犯罪を約300（当時）に止めました。ただし、これについても、必要があれば、「条約の留保」等を行うことも考えていました。

民主党修正案に対する与党提案の欺瞞《ぎまん》

民主党から提出されたこの修正案に対して、与党は同年5月19日に与党再修正案を提出しました。衆議院法務委員会では激しい委員会審議が行われ、いつ強行採決が行われてもおかしくない状況となりました。この事態に、衆議院・河野洋平議長（当時）から慎重審議の申入れがあり、同月26日から30日までの間、衆議院法務委員長提案により設置された実務者協議会での協議が実施されました。

そうした中、なかなか合意がまとまらない状況に業を煮やした自民党の細田博之・国会対策委員長（当時）は、同年6月1日、民主党修正案を丸呑みする提案（細田国対委員長は、この提案を「ウルトラH」と呼んでいました）をしたのです。そこで問題となったのは、それまでに国会での質疑や質問主意書に対して政府が述べてきた見解のままでは、いずれ「丸呑み」提案が反故《ほご》にされるおそれ（「民主党修正案ではやはり条約の批准ができない」との理由で政府提出法案に戻す等のおそれ）があったことです。その証拠に、共謀罪法案の所管大臣である外相と法相は、民主党修正案で成立することとなる共謀罪でのＴＯＣ条約の批准の可能性について、次のように述べています。

①麻生太郎・外相の発言（２００６年６月２日、閣議後記者会見）

「民主党案のままだった場合は、十分条件を満たしていませんから、国際条約の批准はできません。」

②杉浦正健・法相の発言（同年６月２日、閣議後記者会見）

「（批准については、）交渉の当事者は外務省ですからね。政府部内、外務省を中心として検討しているところではないか。（批准の可否は）検討していると思う。」

また、私たちが出した膨大な質問主意書に対する政府答弁書の変更についても、政府は否定的な態度を取り続けました。政府答弁書は、内閣が閣議決定によって作るものですので、その変更をするためには、やはり閣議決定を要するのです。政府は、民主党修正案に対して、それを受け容れて最後（条約の批准）まで成し遂げるつもりなど初めからなかったのです。

政府を含めての与党・民主党修正協議の中で、政府が政府見解を変えることに応じなかったことから、「ウルトラＨ」は、やはり、「いずれ反故にすることもあり得る」ことを前提として提案されたものであることが判明し、6月2日、与党の「丸呑み」提案についての与野党間協議は決裂しました。その結果、共謀罪法案は、その通常国会では継続審議扱いとなったのです。

解散によって共謀罪法案はいったん廃案に

以上のような経緯を経て、共謀罪に対する取り扱いについて民主党内でも再検討が行われることになりました。その再検討においては、国会審議に当たっての調査、研究において密接な協力関係にあった日弁連と民主党との意見交換も積極的に行われ、結果として、民主党は、次の内容の方針を決定し、同党の「マニフェスト２００９」にも盛り込みました。

［民主党マニフェスト２００９］

「共謀罪を導入することなく国際組織犯罪防止条約の批准手続きを進めます。（自民党）政府は、国際組織犯罪防止条約を批准するための国内法整備として、共謀罪を新設する法案を繰り返し国会に提出してきましたが、民主党は、共謀罪に反対する国民の広範な世論と連携して法案の成立を阻んできました。共謀罪は、団体の活動として犯罪の遂行を共謀した者を処罰するものですが、犯罪の実行の着手、準備行為がなくても相談しただけで犯罪となること、およそ国際性とは無縁な犯罪や重大犯罪とまではいえないようなものを含め６１９もの犯罪が対象となることなど、わが国の刑法体系を根底から覆《くつがえ》しかねないものです。条約は『自国の国内法の基本原則にしたがって必要な措置をとる』ことを求めているにすぎず、また、条約が定める重大犯罪のほとんどについて、わが国では現行法ですでに予備罪、準備罪、幇助犯、共謀共同正犯などの形で共謀を犯罪とする措置がとられています。したがって、共謀罪を導入しなくても国際組織犯罪防止条約を批准することは可能です。」

その後、２００９年７月の衆議院解散によって、共謀罪法案は廃案となったのです。

民主党政権下で決着できなかった「共謀罪の創設」問題

２００９年８月30日投票の総選挙によって、民主党を中心とする政権が誕生しました。一度は廃案になった共謀罪法案について、ＴＯＣ条約批准の必要性を考えると、民主党政権の下で何らかの対応が必要であったのですが、当初何らの進展も見られませんでした。

その理由の第1は、法務官僚や外務官僚が、当初の共謀罪法案の成立にこだわり、何ら手を打とうとしなかったことだと思います。

理由の第2は、その事態に対して本来ならば政治家が官僚をリードしなければならないはずですが、民主党政権では法務大臣に参議院議員が続いて選ばれていたことだと思います。共謀罪法案はそれまで衆議院でしか審議されなかったため、参議院出身の法務大臣にはその深刻さが体験的に理解できていなかったのではないかと思います。

私が法務大臣に就任する前の民主党政権下で、唯一、共謀罪法案に関して国会審議で取り上げられたのは、２０１１年５月31日の衆議院法務委員会でした。同委員会では２００３年３月の共謀罪法案提出の際同じ法案の中で提案されていた「サイバー犯罪条約関係の法律改正案」が、再び国会に提出されて、審議されていたのです。同委員会では、自民党の柴山昌彦・衆議院議員の質問に答えて、江田五月・法務大臣（当時）は、「ＴＯＣ条約の批准のための法整備は、今まさに関係省庁がしっかり議論をしていくべきことであって、その議論については、もちろん委員会の審査の対象になるものと思う」と答えています。

法務大臣としての私の取り組み

私は、２０１１年９月２日、法務大臣に就任しました。当然、共謀罪法案について官僚がどのような作業をしているのか報告を求めましたが、なかなか要領を得ませんでした。結局、同年11月７日になって、私は法務省の関係部局に対して（外務省の関係部局に対しては、法務省刑事局を通じて）、共謀罪に関する状況調査（条約交渉の経緯、条約締結に向けての各国の対応、「条約の留保」の可能性等）と、共謀罪法案に関する立法方針の検討を指示したのです。

そのうち、私が共謀罪法案に関する立法方針案として指示した内容は、次の通りです。

「『長期４年以上の懲役または禁固の刑が定められている罪のうち、ＴＯＣ条約の目的・趣旨に基づいて防止すべき罪に対して、すでに当該罪について陰謀罪・共謀罪・予備罪・準備罪があるものを除き、予備罪・準備罪を創設する』ことには、どのような問題があるか。(国連への通報に示されているサウジアラビア、パナマのケースは、これと類似のケースのように思われる)」

この指示を出した翌2012年1月、私は野田内閣の内閣改造時に法相を交替しました。そのため、私が出した立法方針案に関する政府内の検討がほとんどできなかったのは残念なことです。

国民を欺《あざむ》く「共謀罪の必要性」の説明

私が法務大臣時代、自民党の石破茂・衆議院議員(当時は、自民党の政調会長)は、2011年11月9日の衆議院・予算委員会で、共謀罪創設に関する見解を私に求めるとともに、法務省や外務省の官僚にしつこく「共謀罪の創設は必要だ」と迫っていました。その時、石破氏は「(「共謀罪創設はしない」という)政治主導が誤っているのであれば、それを正していくのが政府であり、官僚の矜持《きょうじ》だと思う。……できないのであれば、それは政権交代以外にない。」とも言い切っていました。その石破氏は、今、安倍内閣の重要閣僚であり、安倍首相の次の自民党総裁の最有力馬です。

共謀罪の創設が必要な理由として、「東京五輪を控えてテロ対策の強化のために、共謀罪の創設は急務である」と言われることがありますが、この理由は、国民を欺《あざむ》くものです。と言うのも、共謀罪創設の提案の基となったTOC条約は、前述した通り、「テロ防止のため」ではなく、「金銭的利益その他の物質的利益を得るため」に犯罪を行うことを目的とする「マフィアのような犯罪組織」による犯罪の防止・摘発のためのものであるからです。また、テロ対策のための国際条約は別に幾つも存在しており、わが国は、それらの条約には、国内法手当を含め積極的に対応しています。

私が法務大臣時代に、官僚たち（財務省、法務省、外務省等）から、「『国際機関』からTOC条約の批准が勧告されており、条約批准のためには、共謀罪を創設する必要がある。」との説明を受けましたが、その説明も国民を欺くものです。これもすでに述べたように、共謀罪を創設しなくてもTOC条約の批准は可能だからです。あとは、国際的に批准手続きを取るだけなのです。

しかも、官僚たちが引き合いに出した「国際機関」とは、FATF（「金融活動作業部会」）のことですが、この組織は、条約手続きによって正式に設立されたものではなく、マネーロンダリング防止のために1989年アルシュサミット経済宣言によって設立されたものでしかなく、その勧告等に対しわが国がどこまで拘束されるのか定かではありません。法務大臣時代に私は、「わが国の考え方についてFATFに理解を得られるようにしっかり説明すべき」と指示しました。

政府・自民党の動向を注視せよ！

小泉政権での共謀罪法案は、野党の抵抗が激しく、国民の反発も極めて強かったため、支持率の高かった小泉首相でも強行採決ができませんでした。しかし、現在の安倍政権では、国民が強く反対した特定秘密保護法であっても強行採決で成立させるという実績ができてしまいました。しかも、自民党の次の総裁の最有力馬である石破茂・衆議院議員は共謀罪法案の成立に執念を燃やしている上に、前述の通り、安倍政権の関係閣僚も強い意欲を持っています。

国際情勢も難しい情勢です。２０１３年８月、「金融活動作業部会（ＦＡＴＦ）の使節団が訪日した際に、国連越境組織犯罪防止条約（ＴＯＣ）批准の前提となる共謀罪新設を要請し、日本側は法整備に前向きな対応を約束した。」との報道（共同通信）がありました。私が財務省に確認したところ、ＦＡＴＦから「パレルモ条約（＝ＴＯＣ条約）を批准し、完全な実施をすべし（fully implement）」との勧告を受けているが、「共謀罪の新設をせよ」との文言は勧告には含まれていないとのことでした。しかしながら、ＦＡＴＦには日本政府からも人が派遣されていますから、ＦＡＴＦに対して安倍政権下の日本政府から働きかけることも可能ですので、決して油断はできないと思います。これからも注視し続けて行く必要があるでしょう。

第10章　死刑制度、乖離《かいり》する世界の潮流と日本人の意識

死刑制度についての自民党リベラル派法相の発言

第2次安倍内閣の最初の法務大臣は、弁護士出身で、自民党の中でも穏健派・リベラル派に位置づけられる谷垣禎一氏でした。死刑制度を巡る今の日本の状況は、そんな谷垣氏の法務大臣時代の発言を見れば端的にわかると思います。谷垣氏は、第2次安倍政権における最初の死刑執行（2013年2月22日）に当たって、以下のような発言をしています。

1つ目は「制度の大綱を現時点で見直す必要はない」という発言。「このままでいいんだ、何もする必要はない」という見解です。

2つ目は、「刑事訴訟法に規定される法の精神を無視するわけにはいかない」という発言。刑事訴訟法には、形式的には「(原則として) 判決確定から6カ月以内に死刑を執行しなければ

ばならない」と書いてあります。よって、「自分はそれを守っているだけだ」と言いたいわけです。

3つ目は、「死刑は極めて大きな内政上の問題。治安維持や国民感情の観点をしっかり考えるべきだ。」という発言。そこには、国際的な潮流（死刑廃止国の増加等）や国内の社会情勢の変化（寛容性の喪失等）に対する問題意識が感じ取れません。

この谷垣発言を聞いただけでは、多くの皆さんには違和感はないかもしれませんが、谷垣氏がこう言い募《つの》って死刑問題から目を背けているのは、政治家としていかがなものかと思います。

また、政府がほぼ5年ごとに行っている死刑制度に関する世論調査（調査結果の詳細は、後述）が、直近で2014年11月に実施（2015年1月24日発表）されましたが、その調査結果に対する上川陽子法務大臣のコメントも、谷垣氏とあまり違いはありません。上川法相は、この調査で、死刑容認派の割合が下がり死刑廃止派の割合が上がったにもかかわらず、「（日本の）国のあり方に関わることであり、（日本国民）自らの問題だ」として、死刑制度について議論することすら頑《かたく》なに拒《こば》んでいます。

死刑制度に関する問題意識

私は、民主党政権の野田内閣で2011年9月から翌年1月まで、法務大臣を務めました。

その就任記者会見で、「私自身は、死刑廃止論者というわけではなく、『死刑廃止議員連盟』に属したこともない」と答えています。ただ「死刑制度について国民的議論を起こす」という民主党の方針（後述の２００９年の政策インデックス）、そして私自身の問題意識から、在任中に「死刑制度の問題についての国民的議論を行う」ことに取り組みました。法務大臣就任当時、すでに民主党政権下の千葉景子・法務大臣によって、２０１０年8月に法務省内に「死刑の在り方についての勉強会」が設置されており、一応の議論が進んでいたのです。

日本における死刑制度は様々な問題を抱えています。以下、日本における死刑制度の何が問題となっているのか、死刑制度の現状と国際的な潮流、そして私が法務大臣在任中に目指したことについてお話しします。

法務大臣の死刑執行命令の本質

私は、法務大臣に就任して以降、何人かの自民党国会議員から、国会の予算委員会や法務委員会の場で「法務大臣としての職責を果たせ」と言われ、ずいぶん死刑執行を迫られました。

これらの自民党国会議員の追及は、第2次、第3次中曽根内閣で官房長官を務めて「中曽根内閣の大番頭」と言われ、宮澤改造内閣で法務大臣（後、副総理を兼任）に就任した後藤田正晴氏の発言に倣った主張です。後藤田氏は、自らの法相就任時の記者会見で「少なくとも今、死刑制度がある以上、行政の長官である法務大臣が執行命令に判を捺《お》さないというのは、おかしい」旨の発言をし、1993年3月に、1989年11月以来3年4カ月続いていた死刑執行停止状態（モラトリアム）の中で、3人の死刑囚に対する死刑執行命令を出しました。

確かに死刑執行は法務大臣の職務です。しかし、他の刑の執行は検察官が行うのに、なぜ、法務大臣が死刑を執行するのか。その意味は、多くの法学者が指摘しているように、奥深いものがあると思います。冤罪《えんざい》の問題、時代の流れ、国際的な動向、国内の諸情勢など総合的に見た上で、その時点で死刑を執行することが必要だ、あるいは許容されると判断しなければならないからこそ、法務大臣にその判断が委《ゆだ》ねられていると考えています。

例えば、私が法務大臣に就任した時は、東日本大震災で1万6000人近くが死亡、3000人近くが行方不明になってからわずか1年半しか経過しておらず、「人の命」に対する国民意識が敏感になっていました。東日本大震災後は、死刑は全く執行されていませんでした。

と同時に、私は、「日本国として死刑制度をどう評価し、これからどうしていくのかを考えていく、そういう責任を持っているのも法務大臣の職責ではないか」と考え、そう言っていました。後藤田氏も、「(死刑制度を) 改めるならば制度論でする、ということです。」と言っていましたが、その制度論を考える主要な責任者の一人は、法務大臣だと思います。

世界でも特異なわが国の死刑の現状

毎日新聞の小倉孝保《おぐらたかやす》・記者が『ゆれる死刑』（岩波書店　２０１１）という本を書いています。彼は、国連で死刑執行停止決議がされる場面に行って、日本政府の対応を見ています。「日本政府の人たちは他の国から非難されるのを、嵐が過ぎ去るのを待つように、頭を低くしてじっと黙っていて、なにも反論しない。そういうことで本当に国際的理解が得られるのだろうか」と問題提起もしています。確かに「死刑は内政上の問題」は間違っているとは思いませんが、「日本はなぜ死刑制度を維持しているのか」について、国際社会の中で「なるほど、そうなのか」と理解をしてもらえない「内政上の問題」であってはいけないと思います。

国民感情も、被害者感情など、非常に難しい問題がありますが、なぜこういう国民感情が作られてきているのかも検証していかなければなりません。この点について、『孤立する日本の死刑』（デイビッド・T・ジョンソン、田鎖麻衣子著、現代人文社　２０１３）で、ジョンソン氏は、「ヨーロッパでの経験からすれば、死刑廃止が予想されるような状況において、なお死刑を維持しているアジアの国は1カ国、日本だけであり、この一見して異常な事態は、少なくとも部分的には中道右派の自民党による覇権状態が半世紀以上もの間、機能したことによるものである」と書いています。

私もやはり、戦後半世紀以上も政権を握ってきた自民党の政権下で死刑問題をどう捉えてきたのかが大きなカギになっていると思います。

自民党は、ずっと政権を持ってきた中で、「自分たちが政権を持っている秩序を乱したくない。だったら死刑はそのままでいいじゃないか」と考えてきただろうし、そのために、自民党政権下の政府が行ってきた世論調査も、後述するように、「死刑が維持されるように」といった結論が出るような質問（２０１４年11月実施の世論調査では、日弁連等の要請を踏まえようやく質問の一部を変えています）の出し方しかして来なかったのでしょう。

国民は、死刑問題について、心底から「見たくもない」、「聞きたくもない」、「私は知りません」という気持ちでは決してないはずです。きちんと説明すれば、理解もし、問題意識も持ってくれるという状況にありながら、それをさせてこなかったのが、自民党政権ではなかったでしょうか。

死刑制度が必要だという人たちには、①社会契約説からの主張、②国家的秩序・人倫的文化維持からの主張、③犯罪抑止論からの主張、④特別予防論からの主張、⑤被害者感情に応じるために必要との主張、などがあります。それから、死刑制度廃止論には、①人権尊重からの主張、②誤判の可能性からの主張、③国際情勢からの主張、④国家による死刑制度乱用の可能性からの主張、などがあります。いろいろな意見があるからこそ、全国民的な議論をシッカリとしていかなければならないと思うのです。

ＯＥＣＤ諸国の中で死刑執行継続は日本と米国のみ

２０１４年12月、第69回国連総会（加盟１９３カ国）は、全ての死刑存置国に対し「死刑廃止を視野に執行を停止するよう求める決議」を、欧州諸国、カナダ、フィリピン、ブラジルなど過去最多の１１７カ国が賛成して採択しています（反対は、日本、米国、中国、北朝鮮など38カ国。棄権は、韓国、タイなど34カ国）。なお、アムネスティ・インターナショナルの調査によれば、２０１４年末現在で死刑廃止国は１４０カ国（うち、「事実上の死刑廃止国」は35カ国）で、死刑存置国は58カ国です（１８３頁図４参照）。

また、ＯＥＣＤ（経済開発協力機構。言わば、先進国クラブ）34カ国の中では、死刑制度があって実際に執行されているのは２カ国（日本と米国）、死刑制度がありながら過去10年以上執行のなかった国は１カ国（韓国）、それだけしかありません。なお、米国に関して言えば、米国で死刑制度を廃止した州は、２０１５年５月27日に死刑廃止法が成立したネブラスカ州を含め、50州のうち19州に上ってきています。

韓国では１９９７年12月に最後の死刑執行が20件ぐらいありました。「１９９８年に金大中氏が大統領になると死刑が停止されるかもしれない」と、一気に執行されたのです。金大中氏が大統領になってからは死刑の執行が停止され、それ以降ずっと停止されています。「李明博大統領の時に再開されるのではないか」と危惧されていたのですが、結局時代の流れがあり、朴槿恵大統領時代になっても再開に至っていません。

ＯＥＣＤの国ではありませんが、台湾では２００６年に死刑の執行停止が事実上行われました。民進党の陳水扁・代表が国家総統の時に死刑執行が停止されたのですが、その後２０１０年に再開されました。再開後は、台湾では死刑執行を求めるような動きが広まってきています。こうした流れを見ても、やはりその時の政治の状況が、死刑の問題に関して、執行の問題、制度の問題に非常に大きな影響を与えていることが読みとれます。

犯罪は減少しているのに死刑存続の意見が多い日本

死刑制度に関する世論調査によると、日本では「死刑存続」の意見が、１９７５年からだんだんと増えてきています。40年前の１９７５年までは6割弱しか「死刑存続」の意見がなかったのに、最近の世論調査（２００９年及び２０１４年）では8割以上が「死刑存続」の意見になっています。世界の潮流と日本国民の意識がだんだん乖離《かいり》してきているのです。

実はこの世論調査に関して、「設問が悪い」と指摘する方が日弁連を初めとしてたくさんいます。２００９年までの世論調査では、死刑廃止論に関しては、「どんな場合でも死刑は廃止

図４　死刑廃止国数の推移

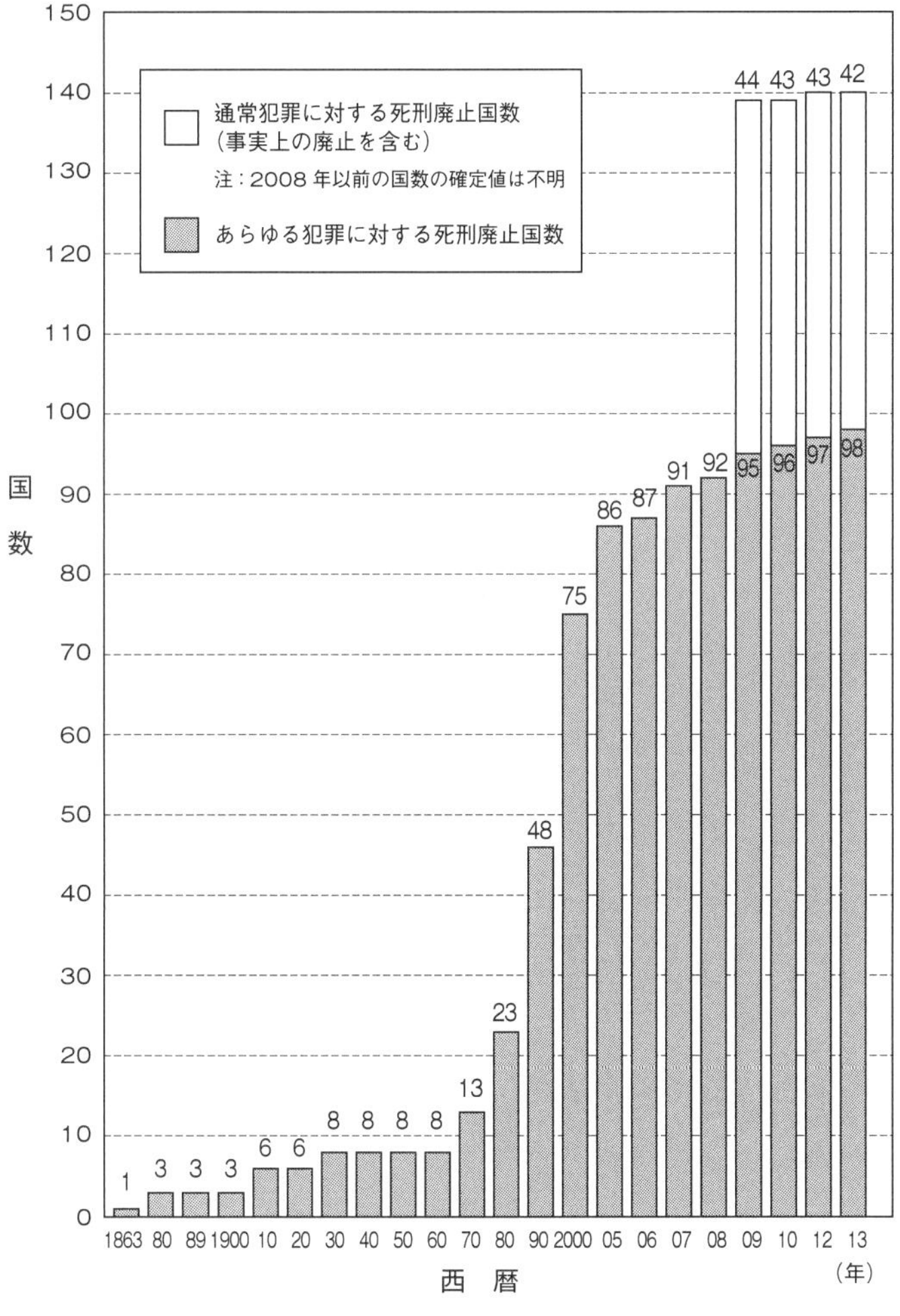

出典：「アムネスティ・インターナショナル」の資料より

すべきである」という回答しかなく、その一方で、死刑存置論に関しては「場合によっては死刑もやむを得ない」という人も存置論者として分類されてしまう方式だったのです。

そこで、2013年12月、日弁連は、回答の選択肢を変更することを求める意見書を当時の谷垣法務大臣に提出しました。谷垣法務大臣は、冒頭に触れたように、型にはまった思考パターンの下で、「回答の選択肢が誘導的との批判は当たらない」と苦しい見解を述べました。しかし、さすがに統計学の専門家は、回答の選択肢の問題性を指摘し、選択肢を「死刑は廃止すべきである」、「死刑はやむを得ない」との表現に変更することを決定したのです。

これに加え、死刑判決が確定していた「袴田《はかまだ》事件」の再審開始決定が2014年3月に、静岡地方裁判所で出されたことも影響してか、2015年1月発表（2014年11月実施）の世論調査では、死刑存置論者は若干の減少（2009年85・3%→2014年80・3%）をしています。また、新たに加わった設問「もし、仮釈放のない『終身刑』が新たに導入されるならば、死刑を廃止する方がよいと思いますか。それとも、『終身刑』が導入されても、死刑を廃止しない方がよいと思いますか」に対しては、「廃止する方がよい」が37・7%、「廃止しない方がよい」が51・5%となりました。

このように、わが国では、若干の変動はあっても、世界の潮流に逆行して死刑存続論が高い支持を受け続けているのは、事実です。この事実は、いったい日本のどんな状況を反映しているのでしょうか。

「日本はどんどん治安が悪化しているか」と言えば、そうではありません。殺人事件の件数と、殺人事件による死亡者数は、どんどん減ってきています。数字で見れば、状況としては良くなっているのです。例えば、殺人事件による死亡者数について言えば、1975年1429人、2009年479人、2013年341人です。

しかし、よく言われるのは、マスコミの報道振りも含めて、「世の中がどんどん不安になってきている」、「治安が悪くなっている」というイメージを持っている人が多いということです。特に、1995年のオウム真理教による地下鉄サリン事件あたりから、「社会の治安が悪くなっている」という印象を多くの国民が持つようになってきました。調べてみますと、昔も凶悪事件や信じられないような事件がありましたが、当時のマスコミの報道は、新聞でちょっと出ているぐらいでした。それに比べて、現在はテレビの影響が非常に大きくなっています。テレビが非常に印象に残るような場面を繰り返し映していると、やはり「体感治安」が非常に悪くなってきているという感じがしてしまいます。

死刑問題について議論が必要な理由

私が「死刑問題についてしっかり国民的議論をしなければならない」と思っている一つの理

由は、こうした国民の意識が広まる中で、「社会の寛容性」がなくなってきているという気がするからです。今、法務行政の大きな課題は、刑務所から出てきた人の就職先がないことです。これには経済や景気の問題もありますが、社会そのものの変容も原因の一つとしてあるのではないかと思います。社会で立ち直るための受容力が、どんどん廃《すた》れ、弱くなり、縮小してきている。善悪二元論のように、「俺たちは善人なんだけど、あの人たちは悪人だ」と人を分類してしまう。そのため、いったん悪いことをした人たちの社会復帰がなかなか受け入れられないという状況になっている、つまり、社会に寛容性がなくなってきているのです。私は、この問題の発生原因の一つは、死刑存続の支持が拡大している原因と根底で共通しているのではないかと思っています。

死刑問題についてしっかり国民的議論をしなければならないと思っているもう一つの理由は、日本を巡る国際的な動向です。

これまで、世界から日本に対して死刑制度廃止や死刑執行停止の問題について様々な勧告、見解等が出されています。さらに、死刑制度の運用に関しても「死刑囚に対する処遇に非常に問題がある」「高齢者や障がい者に対する死刑執行の問題はちゃんとできているのか」といったことや、「弁護士との面会が制限されている」という問題もずいぶん指摘されているのです。

例えば、①2008年5月の国連人権理事会の対日本普遍的定期検査では、「国連総会の決議に従い、死刑廃止を目的とした死刑執行停止を導入すべき」との勧告（欧州中心の12カ国）が出され、②2008年10月の国連・人権規約委員会の第5回対日審査では「政府は、国民に死刑廃止が望ましいことを知らせるべき。世論調査に関係なく、死刑制度の廃止を検討すべき。」との最終見解が出され、③2014年7月の国連・人権規約委員会では、袴田事件を踏まえて「死刑の廃止を十分に考慮すること」「死刑確定者の精神状態を把握するための独立した仕組みを構築すること」「死刑確定者を昼夜間単独室に収容しないこと」等の勧告が出されています。

死刑制度がある日本への犯罪人引渡し請求は拒否される

死刑に関する国際的な動向に関しては、もう一つ、犯罪者の引き渡しについての国際的な取り扱いの問題があります。例えば、1994年に東京都内で女性を殺害した後、スウェーデンに逃亡したイラン人容疑者に対して身柄の引き渡しを請求したところ、わが国が死刑存置国であり、死刑の適用のおそれがあるとの理由により、引き渡しが拒否されました。ヨーロッパ人権条約及び自由権規約の判例でも、「死刑存置国から死刑廃止国に対して犯罪人引渡し請求があった場合において、死刑の適用のおそれがある時は、引渡しが禁止される」と解釈されています。

犯罪人引渡し条約に関しても、わが国がこの種の条約を締結している国は米国（日米犯罪人引渡し条約、１９８０年発効）と韓国（日韓犯罪人引渡し条約、２００２年発効）の2カ国だけであり、世界的に見て極めて少ない状況です（２００７年時点で、仏は96カ国、英は１１５カ国、米は69カ国、韓は25カ国と犯罪人引渡し条約を締結）。このようにわが国が犯罪人引渡し条約を締結している数が少ない理由として、「人権論などのレベルで、『日本は死刑制度があるから条約締結しない』という考えがある。」、「日本には死刑制度が残存しているから、そんな野蛮な国と引渡し条約を締結したら、自国民が過剰な刑事罰を受けるという発想がある。」等の指摘もあります。

さらに、２０１０年1月に発効した日・ＥＵ間刑事共助協定（「刑事に関する共助に関する日本国と欧州連合との間の協定」）においては、「死刑を科し得る犯罪については、日本側からＥＵ側に捜査協力の要請を行った場合に、ＥＵ側はこの要請を拒否することができる」と定めているのです。

死刑制度論議に変化の兆《きざ》し

以上のような国際的動向があるにもかかわらず、日本では、死刑制度の是非について議論することはもちろん、死刑制度の運用（死刑執行の在り方、死刑囚の処遇の在り方等）について語ることとさえタブー視されてきました。聖域化されてしまって、死刑囚がどんな処遇を受けているのか聞こうとするだけで、世の中から白い目で見られる状況が発生しています。

米国も死刑執行している先進国の一つですが、死刑に対する情報公開が非常に進んでいて、制度そのものについての議論もあれば、死刑執行のあり方について、あるいは死刑囚に対する処遇のあり方についても、いろいろな議論が行われています。そのような議論が日本では全く行われていない、ということは問題です。日本社会も、こういう問題にもきちんとメスを当てていく社会でなければならないと思います。

しかし、タブー化されてきた死刑制度論議を巡る状況に変化の兆《きざ》しも見えてきました。そのきっかけを与えてくれそうなのが、前述した２０１４年11月実施の世論調査です。この世論調査結果では、死刑存置論者が80・３％と依然として高かったのですが、その一方で、これまで見えていなかった国民意識が垣間見えてきています。

その第1は、「将来の死刑制度」についての国民意識です。「死刑もやむを得ない」と回答した人（全体の80・３％）のうち、「状況が変われば、将来的には死刑を廃止してもよい」と回答した人が40・５％いました。この人たちに、「死刑は廃止すべきである」と回答していた人たちを合わせると、回答者全員に占める割合は42・５％となります。この割合は、「将来も死刑を廃止しない」と回答した人が回答者全員に占める割合である46・1%と比較して僅差《きんさ》となっています。

しかも、「20歳から29歳まで」の回答者については、「将来も死刑を廃止しない」と回答した人が46・2%、「状況が変われば、将来的には、死刑を廃止してもよい」と回答した人が53・8%と、賛否の状況が逆転しています。若者たちが多くかかわってくる「将来」に向けての論議が期待される状況だと思います。

その第2は、仮釈放のない『終身刑』についての国民意識です。前述の通り、「仮釈放のない『終身刑』が導入されるならば死刑は廃止する方がよい」と考えている人が、回答者全員の37・7%とかなりの割合で存在しています。国民の間でこれまであまり議論されてこなかった「仮釈放のない『終身刑』」について、それが死刑の代替刑となり得るのか等の議論をすべきであるという声が高まってくることも予想されます。

死刑制度に関する国民的議論への私の思い

民主党は、２００９年の政権交代をする前の総選挙で、「政策インデックス２００９」に「死刑存廃の国民的議論を行なう」、それから死刑制度の運用、執行のあり方についても議論をして、「当面の執行停止や死刑の告知、執行方法などを含めて国会内外で幅広く議論を継続していきます」と書いています。

まず、死刑制度について「よく知らない」という人がたくさんいます。それだけ情報が伝えられていない、あるいはこれまでの政権は伝えようとしてこなかったのです。だからこそ、私はそういう情報を国民が共有できるようにしようとしました。

そして、死刑制度のことを知った上で、「それでも死刑制度が必要である」と言うならその必要性を世界各国に説明すべきであるし、「死刑制度の必要性を世界各国に説明できる状況にない」と思ったらそれは止めるしかない、というのが筋道だと思います。

2010年8月6日、千葉景子法相（当時）が、法務省内に「死刑の在り方についての勉強会」を創りました。当時は、「千葉法相が、2人の死刑執行を承諾するに当たって、この勉強会の設置を法務省官僚に了承させたのではないか」と言われていました。

この「死刑の在り方についての勉強会」の第8回会合（2011年10月17日開催）に、私は、法務大臣として初めて出席しました。その席で私は次のような冒頭挨拶（関連部分のみ）をしました。この挨拶の中に、私の思いが込められています。

「（この勉強会は、）千葉法務大臣時代に2回、仙谷法務大臣時代に1回、江田法務大臣時代に3回開催され、その都度、各法務大臣から『本勉強会が、国民的な議論が行われる契機となることを期待する』旨の発言がされていますが、残念ながら、いまだに『国民的な議論』が行われているとは言えない状況にあると感じています。

私としては、是非とも、国民の皆さんが、死刑制度に関する国際的動向や先進諸国の中でのわが国の独自性について十分な情報を持った上で、日本の考え方が先進国の一員として国際的にも理解、納得してもらえるような議論を国民の皆さんに展開して欲しいと願っています。

と言うのも、２０１０年現在、世界各国のうちの約３分の１が死刑存置国と言われていますが、ＯＥＣＤの先進34カ国に限定して言えば、死刑存置国は、わが国を含めてわずか３カ国しかありません。さらに、その３カ国でも、韓国は過去10年間死刑が執行されておらず、国連事務総長の発表によれば『事実上の死刑廃止国』と言われていますし、米国も州レベルでみれば16州（２０１５年5月末現在では19州）が死刑を廃止しているという状況です。

そのような状況の中で、わが国の独自性あるいは特別の立場をあくまでも主張し続けていくのか、あるいは、どのようにすれば先進諸国に理解、納得してもらえるのかについて、真剣に議論しなければなりません。正に『国民的な議論』を必要とする話だと思います。

真に『国民的な議論』が行われるためには、本勉強会の今後の進め方や本勉強会以外の機会の持ち方についても、シッカリ検討をしていく必要があると考えていますので、皆様方のご理解とご協力を宜しくお願いします。」

法務大臣として国民的議論を目指したが

私は、法務大臣として２０１１年12月19日、「勉強会」の第10回会合を、大学教授２名を招いて「英国とフランスにおける死刑廃止の経緯等について」をテーマにマスコミ・フルオープンで開催しました。

しかしながら、この勉強会会合はマスコミで取り上げられることもなく、ましてや国民的な議論を喚起する萌《きざ》しも見えませんでした。「国民的議論を目指す」と言っているのに、「勉強会をやっている」と誰にも伝えられていない、あるいは、誰にも知られていないという状況はいかんと思い、「勉強会」以外の機会を持とうと思いました。

そこで、まず、法務省の法制審議会（法制審）でやろうと思いました。ところが、「法制審は、ある程度結論が出るような、あるいはもう『こういう結論を出そう』というような状況になってやるのであって、これからどうしようかというような状況でやる審議会ではない」と法務官僚から言われ、諦《あきら》めざるを得ませんでした。

それなら、死刑制度の存廃問題に関する「有識者会合を作ろう」と考えました。他方で、当時の省内の「死刑の在り方についての勉強会」は、当面、死刑執行に関する問題や確定死刑囚の処遇問題を議論することにしていってはどうか、と考えたのです。

蛇足ですが、その時によくわかったことがあります。有識者会合のメンバーには賛否両論と、中立的な人も必要です。有識者の中には、死刑制度廃止論者はたくさんいますが、死刑制度維持論者はあまりいなかったのです。学者や弁護士には死刑制度維持論者はある程度いますが、有名人では、櫻井よしこさんといった人しか出てこない。どうバランスを取った人事にしようかと思って悩んだぐらいでした。

２０１２年のお正月から有識者会合の設置に動き始めましたが、１月中旬にベトナム出張中の私に、野田首相から電話がかかってきました。「平岡さん、今度内閣を改造するんですけども、平岡さんには大変ご苦労おかけしましたが、交代してもらえませんでしょうか」ということでした。

私は、後任の小川敏夫法務大臣にも、「最終的には大臣としてのご判断に委《ゆだ》ねるべき話ではありますが……」と前置きして、私がやろうとしていたことを引き継ぎました。しかし、「死刑の在り方についての勉強会」ですらその後開催されることは一度もなく、報告書を出して「お終い」となり、その直後に死刑の執行が行われてしまいました。このような経緯をたどってしまったのは、一人法務大臣の問題というより、ある意味で民主党政権全体というか野田政権全体の問題だったのかもしれません。

死刑問題への当面の取り組み策

私の構想は頓挫《とんざ》しましたが、死刑問題への取り組みについては、当面、次のようなことを期待したいと思っています。これも、後述するように、国のトップ・リーダーが判断するための環境整備を行うためです。

第1は、死刑執行等に関する問題への取り組みについてです。私の後任であった小川法務大臣は、2012年3月9日の「死刑の在り方についての勉強会」取りまとめ報告書の発表に当たって、「(勉強会においては、)死刑制度の存廃ではなくて、死刑の執行に関わる具体的な点について、これから議論したい。」と述べていました。しかしながら、死刑執行の在り方や確定死刑囚の処遇について、国際機関や日本弁護士会連合会などから問題点の指摘があるにもかかわらず、第2次安倍政権下においては何も検討・議論しないままに死刑執行が行われ続けてきました。第3次安倍政権下においてもそれは変わらないでしょう。法務省内において早急に議論が進められることを期待します。

第2は、死刑制度の存廃問題への取り組みについてです。死刑制度の存廃問題については、国会や政府が、国民的議論が行われる枠組み作りに取り掛かることを期待したいと思います。国会では、「死刑問題調査会」(仮称)や衆・参法務委員会内での「死刑問題に関する小委員会」（仮称）などが考えられますし、政府内では、法務大臣の私的諮問機関的なものとしての「死刑問題有識者会合」などが考えられると思います。

死刑制度はトップ・リーダーの課題

私が法務大臣を退任した後の2012年6月1日、「刑事司法を持続可能にするのは何か？ノルウェーと日本の対話」というシンポジウムが青山学院大学で行われました。発表者の中の一人であったビル・リチャードソン米国ニューメキシコ元州知事は、自分自身が2009年に同州の死刑を廃止した知事として、私のことを「日本にも、フランスのバダンテール司法大臣に匹敵する政治家がいる」と評しました。バダンテール氏は、フランスの死刑を廃止した司法大臣として世界的に有名な人です。

しかし、私は、リチャードソン元州知事のこの評価に対し、「『フランスでは、バダンテール司法大臣が死刑を廃止した』と言われることがあるが、バダンテール氏が死刑を廃止したのではない。ミッテラン大統領が、死刑廃止を公約に掲げて大統領に当選して、それを実行するためにバダンテール氏を司法大臣として使って、実現させた。それぐらい死刑廃止はフランスにおいても大きなテーマであり、それだけのテーマに取り組むためには国のトップのリーダーシップが不可欠である」と、正直な気持ちを述べました。

事実、国連の死刑廃止条約に2012年3月にモンゴルが参加した時のエルベグドルジ大統領、それから前述した死刑執行を停止した時の金大中・大統領（韓国）や陳水扁・国家総統（台湾）の例にみられるように、いずれも国のトップが腹を固めて取りかからなければできなかったし、これからもそうでしょう。

その時には、法務大臣も、しっかりした理論構成や国民感情との調和など、いろいろな問題に対応し得る能力を持った人がやらなければいけません。死刑制度の廃止や死刑執行の停止はそれだけ大きな問題だと思います。

第11章 「取り調べの可視化」と「人権委員会」設置

対象事件が不十分な「取り調べの可視化」

法相の諮問機関である「法制審議会」は、２０１４年9月18日、取り調べの録音・録画（いわゆる「可視化」）の制度化を含む「新たな刑事司法制度の構築について」の答申を出しました。その後、「取り調べの可視化」を法制化する法案は、答申の内容に沿って作成され、２０１５年3月13日に閣議決定されていますが、答申で示された「取り調べの可視化」の内容は、安倍政権が誕生して以来、心配していた通り、対象事件が極めて限定されたものとなってしまいました。

答申では、「取り調べの可視化」の対象を裁判員裁判対象事件（外患誘致罪、殺人罪、強盗致死傷罪、傷害致死罪、現住建造物等放火罪、強姦致傷罪、危険運転致死罪、保護責任者遺棄致死罪、

身の代金目的誘拐罪、覚せい剤取締法違反など）と検察独自捜査事件についてのみとしました。原則、逮捕から起訴までの全過程で録音・録画を行う「全過程可視化義務付け」を行うこととした一方、取り調べの可視化が義務付けられる対象事件を極めて限定したものとしたのです。

この答申内容に対しては、「取り調べの可視化」の対象となる事件が全刑事裁判のわずか2～3％に限られるとの批判もありますが、これまで、冤罪《えんざい》事件として社会で大きく注目されたものは、殺人事件などの裁判員裁判対象事件や政治家・高級官僚・財界人が関与した検察独自捜査事件ですから、一定の評価は下せるのかもしれません。

しかし、冤罪事件として注目された事件には、選挙違反容疑で過酷な取り調べが警察で行われた鹿児島県の志布志《しぶし》事件があります。後から判明した取り調べの実態は、人権無視のとても許し難いものでした。さらに、今回の法制審・特別部会の委員となった映画監督の周防正行《すおまさゆき》氏が映画で取り上げた痴漢事件でも冤罪事件が頻繁に起こっています。

以上のような状況を踏まえ、私は、法務大臣に就任した2011年9月2日の記者会見で、「(取り調べの可視化の在り方については、）費用の問題、効率性の問題等が相互に絡み合っていて総合的に考えていく必要があるが、……理想とすべき、目指すべきところは、全過程であり、全事件である。」と答えています。

私がなぜ「理想は、全事件を対象」と答えたのかと言えば、選挙違反事件にせよ痴漢事件にせよ、違法・不当な取り調べを抑止する必要はすべての事件にあるからです。このような考え方に立って、「原則は、全事件を取り調べの可視化の対象とするが、個別の事件は、個々の事情を考慮して対象から外すこともできる」という仕組みも考えられます。

狭山事件に垣間見える取り調べの実態

「取り調べの可視化」がいかに必要であるかを示す事件として、私が第3次の再審請求の弁護団の一員として2014年1月から関わっている狭山事件について、その事件発生当時の取り調べの状況をご紹介します。

狭山事件は、1963年5月1日に埼玉県狭山市で起こった女子高生強盗強姦殺人事件です。被差別部落出身の石川一雄さんが無期懲役となりましたが、判決確定後、取り調べの過程に多くの疑問があるため3次にわたる再審請求が行われ、半世紀を過ぎた今も争いが継続している事件です。

取り調べ事実の詳しい状況とそれに関する精密な分析は、弁護団が鑑定依頼した浜田寿美男・奈良女子大名誉教授が書かれた『虚偽自白はこうしてつくられる　狭山事件・取調べ録音テープの心理学的分析』（現代人文社　2014）に掲載されています。肝心な部分の取り調べ場面が録音から抜けていたりしますが、なぜか、警察の手によって多くの取り調べの場面が録音されていました。その録音テープが、第3次再審請求において初めて検察側から弁護団側に渡されたことから、当局の供述調書と取り調べ録音とが比較できる状況になったのです。

浜田名誉教授の著書では、①警察が作成した供述調書の書き振りが、実際の取り調べにおける石川氏の供述振りと全くかけ離れていることや、②石川氏の供述が、取調官の誘導によってもたらされていたり、取調官に迎合しようとしている状況が鮮明に示されています。

「取り調べの可視化」は重要な人権問題

他方、捜査当局は、「取り調べの可視化」による捜査への影響を心配し、電話や電子メールを傍受できる対象犯罪の大幅追加、「司法取引」の導入など捜査手法の強化を求め、答申でも多くの捜査手法の強化が認められました。

司法取引制度の導入等と「司法取引」された感のある「取り調べの可視化」ですが、捜査する側でも「取り調べの可視化によって捜査がむしろし易くなった」との声が国内外にありますし、「自白の任意性」に関する公判での争いも少なくなるという利点もあります。捜査当局は、「取り調べの可視化」の必要性が取り上げられてきた原点をシッカリと踏まえて、今後、もっと前向きに積極的に取り組んでほしいと考えます。

その点に関し、答申の「第3　附帯事項」では「実務上の運用において、可能な限り、幅広い範囲で録音・録画がなされ……ていくことを強く期待する」とともに、「取り調べの録音・録画制度については、施行後一定期間を経過した段階で、その施行状況について検討を加え、必要があると認める時は、その結果に基づいて所要の措置を講ずる」としていますので、今後の改善を大いに期待したいと思います。

「取り調べの可視化」は、多くの国民にとって必ずしも身近な問題とは言えないかもしれません。しかし、度重なる冤罪や、検察による証拠改ざんなどを見ると、警察や検察での取り調べの実態や捜査当局の思惑を知ることは、自らの、あるいは家族など大切な人の人権を守るためには重要なことです。その上で、国民の人権が守られるとともに社会の治安を守ることのできる犯罪捜査を確保するために、「取り調べの可視化」を含めた「新たな刑事司法制度の構築」がどのように行われるべきかという問題に関心を持っていただきたいのです。最終的には、「国民が何を望むのか」の選択の問題でもあるからです。

廃案となった人権救済機関設立のための人権擁護法案

2011年9月2日の法務大臣就任に当たって、私は、野田首相（当時）から6つの重要政策課題について指示を受けました。その中の第3番目の事項が「新たな人権救済機関の設置」でした。野田首相からは、「国民の人権が保障され、安心して暮らせる社会をつくるため、新たな人権救済機関の設置に向けた具体的作業を進める」ということの指示を受けたのです。

それ以前の経緯を振り返ってみますと、人権救済機関は、法務省に設けられている人権擁護推進審議会によって２００１年５月に、その設置の必要性が答申されています。そして、２００２年の第１５４回国会（常会）に小泉内閣が提出した「人権擁護法案」において、その設置が提案されていました。その後、人権擁護法案は、継続審議を経て、２００３年10月の衆議院解散により廃案となりました。

人権擁護法案が廃案となった原因は、野党側に同法案に対する抜本的な修正意見（人権救済機関の独立性をより高める修正）があったこともありますが、むしろ、安倍晋三・衆議院議員（当時）を中心に自民党内で強い反対意見があったことによります。

「人権擁護」に危惧を抱く安倍首相

首相に返り咲いた安倍晋三氏の人権救済機関に対する姿勢は、極めて消極的です。その状況は、安倍議員が、２０１２年11月10日、稲田朋美・衆議院議員（現在、自民党の政調会長）との合同勉強会に関して記したブログの内容から容易に推察されます。安倍議員のブログには、次のように記されていました。

「今夕、福井県で私の後援会青年部の『晋録会』と稲田朋美衆議院議員の青年部『ともみ組青年隊』の合同勉強会が開催され、私（安倍）も出席しました。

稲田議員は言論を弾圧し人権を抑圧することにつながる危険な『人権委員会設置法案（いわゆる人権擁護法案）』の問題点を自民党の法務部会長としてわかりやすく説明しました。

民主党政権は会期末のどさくさに紛れ、こんなとんでもない法案を提出してきましたが、断固成立を阻止します。因みに自民党はすでに人権を守るため、『児童虐待防止法』、『高齢者虐待防止法』や、一般救済による差別防止を進めてきました。

『維新回天の大事業をともに戦った長州と越前福井から、再び日本を変えよう！』と盛り上がりました。」

文中で安倍議員が言っている「一般救済」の内容は明確ではありませんが、２００２年に自公政権が国会提出した「人権擁護法案」の説明の中で、「特別救済措置」（調査も措置も強制力を伴う措置）と対比されていた「一般救済措置」のことであると考えられます。この「一般救済措置」は、現在の法務局による相談・救済制度の中で行われている「救済措置」と同じ内容です。この点については、野田内閣が２０１２年11月に国会に提出した「人権委員会設置法案」でも、調停、仲裁及び公務員等に対する措置を除き、現在の「救済措置」と同様の仕組みとされ、「救済措置」は「一般救済措置」に限られています。

ブログにおける安倍議員の主張は、誤解と曲解に満ちたものだと思います。安倍議員は、彼の持論に従って、２００２、２００３年当時の「人権擁護法案」では、人権擁護委員に外国人（在日朝鮮人・韓国人等）が任命される可能性がある、あるいは、部落解放同盟などが人権委員会に強い影響力を持つとの危機感を持って前記のような主張をしていた、と考えられます。

見通しの立たない人権委員会の設置

私が、法務大臣に就任した時に野田首相から指示を受けたことからもわかるように、民主党は、従来から人権救済機関の設置に向けて積極的な姿勢を示してきました。２００５年の第１６２回国会（常会）には、民主党は、議員立法法案として「人権侵害による被害の救済及び予防等に関する法律案」（「人権侵害救済法案」または「人権救済機関設置法案」）を国会に提出したこともありました（その後、廃案）。

２００９年の総選挙に向けての民主党マニフェストにも人権救済機関の設置が盛り込まれ、民主党政権誕生に伴って政府内でも検討が進められてきました。その過程で、江田五月法務大臣時代の法務省政務三役（大臣、副大臣、大臣政務官）の議論によってつくられたものが「基本方針」であり、以下にご紹介する私と城内実・衆議院議員（自民党）の衆院法務委員会での質疑応答の中でも登場してきます。

法案（人権委員会設置法案）は、私の法務大臣時代に実質的に出来上がっていました。しかしながら、この法案を国会に提出すれば与野党対決法案となることが必至であったため、法案の国会提出の時期を当時の政府・与党内で意見調整できず、私の法務大臣時代には国会提出には至りませんでした。

私の法務大臣退任後の２０１２年9月18日、野田内閣は、ようやく、自公政権時代に国会に提出された「人権擁護法案」を修正した内容の「人権委員会設置法案」を閣議決定しました。そして、開会中であった臨時国会の会期末（同年11月９日）に国会に提出されましたが、衆議院解散によって同年11月16日に廃案となり、同年12月の総選挙後の安倍政権誕生によって今後の見通しが全く立たない状況になっています。

国内人権救済機関の国際的な動向

しかし、国際的動向としては、世界各国では国内人権救済機関が置かれるようになり、１９９３年には、国連においても、国内人権救済機関が拠るべき基準（いわゆる「パリ原則」）が総会において採択されています。私たちは、こうした国際的動向を十分に考慮しなければなりません。

パリ原則に示された国内人権救済機関（国内機構）の独立性に関する基準は、法務省資料によれば、次の通りとなっています（傍線部分は、筆者が付した人権救済機関の独立性を確保する規定の部分)。

「構成並びに独立性及び多様性の保障

1、国内機構の構成とそのメンバーの任命は、選挙によると否とにかかわらず、人権の促進及び擁護にかかわる(市民社会の)社会的諸勢力からの多元的な代表を確保するために必要な担保をすべて備えた手続に従った方法でなされなければならない。特に、それは、次に掲げるものの代表者との間に効果的な協力関係を築くことを可能にする社会的勢力によって、または次に掲げるものの代表者を参加させて、行われなければならない。

(a)人権と人種差別と闘う努力とを責務とするNGO、労働組合、例えば弁護士会、医師会、ジャーナリスト協会、学術会議のような関係社会組織や専門家組織

(b)哲学または宗教思想の潮流

(c)大学及び資格を有する専門家

(d)議会

(e)政府の省庁(これが含まれる場合、その代表は助言者の資格においてのみ審議に参加すべきである)

2、国内機構は、活動の円滑な運営にふさわしい基盤、特に十分な財政的基盤を持つものとす

る。この財政基盤の目的は、国内機構が政府から独立し、その独立に影響を及ぼすような財政的コントロールに服することのないように、国内機構が独自の職員と事務所を持つことを可能にすることである。

3、機構のメンバーに対して実際の独立性に不可欠な安定した権限を保障するため、メンバーの任命は、一定の任期を定めた公的行為によりなされるものとする。機構のメンバーの多様性が確保されているならば、任期は更新することができる。」

わが国は、1998年11月19日、国連の自由権規約（B規約）委員会から、政府からの独立性を有する国内人権救済機関の整備について勧告を受け、その後も今日まで、各種人権条約の委員会等から同様の勧告等をたびたび受けているのが実情です。

国会審議での人権救済機関設置の論点

ここで、安倍晋三首相や稲田朋美・自民党政調会長の人権救済機関に関する主張とそれに対する私の考えを、衆院法務委員会での私と自民党の城内実・衆議院議員（現：外務副大臣）との質疑・答弁のエッセンスを通してご紹介します。内容は、わかりやすくするために主旨は変更せず、私が手を入れています。

衆院法務委員会は2011年10月25日、12月2日、12月6日に開かれたものであり、当時、私は法務大臣として人権救済機関設置に向けて作業する政府内の責任者、城内議員は人権救済機関について安倍・稲田両議員と考え方を同じくする政治家でした。

①立法の趣旨

平岡　日本においては、これまで、人権問題については、法務省の人権擁護局が、まさに法務大臣の指揮の下に取り扱ってきた。

パリ原則によっても、人権を担当する組織というのは政府からできる限り独立した存在で取り扱うべきである、という考え方がある。私たちは、今まで人権擁護局で60年以上にわたる歴史を持ってやってきたが、これを、法務大臣がその権限のもとに行うというよりは、むしろ政府から独立した第三者機関という立場に立った人たちが中立公正な立場で物事を進めていくということにしたい。

権限についてありていに言えば、今まで人権擁護局がやってきたものは、法律的には設置法の根拠しかない状況になっている。そういうものを、しっかりと法律的な位置づけを明確にしていきたい。しかしながら、「基本方針」にも書いてあるように、強制的な権限を持ってやるとか、あるいは強制的な措置を講じるとかというような部分は、できるだけ今までやってきたことと並びの形で整理をしていきたい、と考えている。

中立的・公平に人権問題について取り組むべきだ

②人権救済委員会設置の賛否

城内　大臣、私のような慎重派、反対派が、どういった立場から、あるいはどういった懸念を持って反対なのか、慎重なのか、まずお答えいただきたい。

平岡　当初案当時から今まで議論されているもの（人権救済機関案）は、私たちが今提案しようとしているものと必ずしも一致するものではないが、例えば、人権委員会の委員あるいは人権擁護委員の方々に外国籍の方が入るのではないかとか、人権委員会の権限が強過ぎるのではないかとか、人権侵害の定義がちゃんとしたものではなく過大な行政権の介入になるのではないかとか、人権委員会が行う行為というものが表現の自由等に対して影響を与えるのではないかとか、さまざまな御指摘があったと私としては承知している。

城内　今大臣が指摘したとおりであるが、さらに、人権侵害したとされる加害者の人権の保護が不十分という点もある。人権を侵害された「私が被害者です」という人の救済措置はあるにもかかわらず、人権侵害をしたとされている者についての救済措置がないという非常に不平等な制度だ。

私は保守派だが、いわゆるリベラルな日本共産党はどういう立場であるか御存じか。日本共産党は、一つ目、部落解放同盟の利権の維持になるので反対。二つ目、法務省の外局で人権救済機関をつくるのは権限が強過ぎるので反対。三つ目、差別の定義があいまいであり、表現の自由を侵害するので反対。日本共産党ですら反対だ。

平岡大臣は、どうしてこの人権救済機関をつくるのか。どういう理由か、私に納得いく説明をして欲しい。

平岡　共産党が反対しているということについては御指摘の通りと思う。

人権擁護の問題について言えば、法務省にも人権擁護局があって、人権問題についてこれまでも取り組んできたが、国際的な動向からすると、人権擁護局のような、ある意味では一人の政治家の指揮下にあるというような形で人権問題を考えていくのではなくて、政府から独立性の高い組織が中立的あるいは公平に人権問題について取り組んでいくべきであるという基本的な考え方がある。この基本的な考え方に基づいて、今私たちの行おうとしている提案というものがある。

政府から独立性の高い委員会が必要

③委員会の独立性

城内　大臣は、政府から独立した組織であるべきと言うが、法務省の外局でいわゆる「三条委員会」という相当強い権限を持って、日本に住んでいるあらゆる人たちをその権限行使の対象としている。これでは、暴走をして、非常に危険な機関になる可能性があると私は思う。

私からすると、本当に政府から独立した機関をつくるのであれば、まさに裁判員のように、一般国民から募集するようなことであればまだしも、全然独立でも何でもなくて、法務省の影響が非常に強い。一見独立しているようだけれども独立していない、極めて強い権限を持っている三条委員会の機関にしか見えない。何か反論していただけるか。

平岡　「極めて強い権限を持っている三条委員会」と言われたが、三条委員会がどういう権限を持つのかという点については、これは、また法律で具体的に規定をしていくものだ。その中で、「こういう組織の三条委員会に、こういう強い権限を与えるのはおかしいじゃないか」ということならば、その権限はまた法律で弱めていくとか、あるいは与えないでいくとかいうことも、それは当然ある。「基本方針」の中に示されている三条委員会が持っている権限というのは、そんなに強い権限ではない。調査をするのに罰則で担保してやるとか、あるいは強制的な措置を取るようなことについては、「基本方針」の中には含めていない。

さらに、「こういう点について問題だ」ということがあれば、それは、またしっかりと議論をさせていただきたいと思う。

城内　今そういうことを言われたが、三条委員会でやること自体がやはり権限が強いのだ。今、大臣が「罰則付きの調査とか、強制的な救済措置については、当面やらない」と言ったが、だから「大丈夫だ」ということにはならない。これは、悪意を持って、将来、まさに特高警察のような機関を使って、「おまえは人権侵害をやった者だ」と恣意的にレッテル張りをして、政治生命を奪うようなことだってあり得る。そういう可能性はある。

人権委員会の委員は与野党が同意できる人材で

④委員の国会同意人事

城内　人権委員会の委員は、国会の同意人事であるが、当然、場合によっては与党の御用学者みたいな方が選ばれる可能性だってある。例えばアメリカの場合は、このような機関に、与党と野党で3対2とか、野党からもメンバーを送れるような仕組みがあると聞いている。実際、国会同意人事だとしても、民主党が与党であれば、与党寄りの人間が委員に選ばれる結果、場合によっては、表現の自由が侵害されるような不当なケースが起きてくるのではないかと私は思う。

平岡　わが国には国会同意人事の仕組みはたくさんある。今はたまたま民主党政権ということではあるが、参議院では、与野党ねじれと言うか、必ずしも与党だけで多数を占めているわけではない。

そういう中で、私は、今までの国会同意人事というものが、一党一派に偏した形で同意が行われてきたとは思っていない。政府が提案する人事については、与党に対しても野党に対してもできる限りの同意が得られるような人材を選んでくる努力をしてきていると、私は承知している。

いじめなど個別法のない問題にも人権救済制度を

⑤個別法での対応と人権救済委員会方式での対応
城内　大臣、人権侵害救済機関を設置しないと救済できない人権侵害事案の具体例を挙げていただきたい。私、一生懸命探しているが、なかなか無い。どうか具体的に挙げて欲しい。
平岡　一つの答弁のあり方として、今、個別法による救済が行われているものと、個別法がないものとがあるという状況があろうと思う。その意味では、個別法による救済制度は、それはそれとして機能させていくことになるが、個別法による救済制度が整備されていない分野、例えば、雇用の場面以外の差別とか、学校における体罰・いじめとか、そのような問題については、一般的な人権救済制度があるということが望ましいと思う。
また、雇用の場面以外の差別としては、例えば、女性に対するもの、高齢者に対するもの、障がい者に対するもの、同和関係者に対するもの、外国人に対するものといったようなもので、かつての人権侵犯事件として取り上げたものもある。その他、名誉毀損、プライバシー侵害など、これまで人権侵犯事案として取り上げてきたものがある。

その上に立って、それをどういう仕組みで行うのかという組織論的な問題、権限の所在の問題について言えば、委員会制度という形でやることが中立性あるいは公平性という点から適していると私は思うし、これが一つの国際的な原則になっていると考えている。

城内　学校におけるいじめの問題は、個別法をまた作ればよいし、あるいは教育の現場でしっかりと指導をするという対応がより現実的だと私は思う。実際、個別法をつくって対応するというのが一番きめ細かくてよいし、お金もかからない。

私も何度も申し上げているように、ネズミはネズミ取り、ゴキブリはネズミ取りじゃなくてゴキブリホイホイとか、個別具体的にきめ細かく対応していけばいい。人権委員会というお化けみたいな、下手すると暴走しかねない機関をつくる必要はあるのか。

平岡　個別法による対応の問題に関しては、これからどのような人権問題が発生してくるのか時代の推移によってもいろいろ変わってくるという点もある。いろいろな人権侵害や新しい態様の人権侵害が出てくる都度、個別法による対応ということとするならば、迅速な対応が不可能であるという問題もあると思う。

また、個別法で対応するという形にした場合は、それぞれに個別の救済機関みたいなものをつくらなければいけないという課題もあろうかと思う。そういう意味での行政のスリム化という問題もあると思う。

さらに、国民にとって、わかり易いことも大事。「窓口の一本化」、ここに駆け込めば人権問題についてはとりあえず窓口となってくれるという所があることの利便性というのもあると思っている。

そういうことを考えると、やはり私たちが今提案させていただこうとしている人権救済機関というのは存在意義があると考えている。

なお、この点については、人権擁護推進審議会の平成13年（2001年）5月の答申においても同じような考え方で指摘がされている。

先進諸国の人権救済機関に学ぶ

⑥先進諸国の例

城内　人権救済機関の設置について「国際的な要請」と言うが、大臣がつくろうとしている巨大な権限を持った人権救済機関を持っている国を先進国の中で挙げて欲しい。どこの国が持っているのか。

平岡　人権委員会制度を持っている先進国としては、イギリス、カナダ、フランスなどの国が、このような人権委員会の仕組みを持っていると承知している。

城内　例えばアメリカには、雇用機会均等委員会あるいは司法省公民権局があるが、これはあくまでも、雇用の場で、人種や皮膚の色、出身国、性別、宗教によって差別されない、あるいは、公共施設、住宅等において、皮膚の色や人種、宗教等で差別されない、という具体的な事案に対応する機関である。今大臣がつくろうとしている、何でもかんでも飲み込めるような機関を持っている国は、先進国にはない。

カナダの人権委員会、審判所も同じだ。イギリスでも、例えば、障害者権利委員会は障がい者の差別を監視する。人権平等委員会は、アメリカ、カナダと同様に、人種、皮膚の色、出身国、宗教、国籍などによって雇用等で差別されないように監視する。また、機会均等委員会も雇用の機会の差別を監視するものである。

また、米国やスウェーデンの人権救済機関というのは、人権侵害の被害者のタイプに応じてきちんと整理してやっていて、日本の、まさに大臣が目指している、何でもありの化け物のような人権侵害救済機関というのはほとんどないと私は理解している。

以上のように、諸外国では、ピンポイントで委員会がつくられている。それこそドメスティック・バイオレンス（家庭内暴力）でも、高齢者虐待でも、刑務官の人権侵害でも、何でもかんでも対象になるという機関を持っている国というのは、私が調べた限り、先進国の中にはない。にもかかわらず、なぜそのような機関を日本だけがつくる必要があるのか。

平岡　その点についても、いろいろ調査をした。

委員は「何でもありの化け物というのはない」と言われるが、実は、人権委員会等については、どういう権限の下にどういう分野を扱うのかという点がまさに重要である。委員が御指摘になっているものに関しては、分野を限定して書いてある部分については、権限がかなり強い部分として書いてあるという状況になっている。

国連人権高等弁務官事務所（ＯＨＣＨＲ）が２００９年（平成21年）に出した調査結果がある。これは、百カ国を超える国内人権機構にアンケートをし、61機関から回答を得たものであるが、その中では、その85％、47機関が、「個人からの申し立てを取り扱う権限というのはすべての個人の権利をカバーしている」と回答をしている。

諸外国の機関が取り扱う人権侵害の範囲を法律上限定しているような形で書いているのは、「法律に明記された権限の行使が、その範囲の人権侵害に対してのみに限定されている」ことを意味するに過ぎない。法律に列挙された人権侵害以外の人権侵害についても、行政指導等の任意的な手法により、個人からの申し立てに対応している機関が存在していると考えている。

「人権侵害」とは「人権にかかわる法令で違法とされる行為」

⑦人権侵害の基準

城内　アメリカ、カナダ、イギリスですら、雇用や住居の貸し借りとかに限定して機関をつくっているのに、日本の案では何でもありだ。これでは、ちょっとしたさじ加減で、人権侵害か否かの基準、定義がはなはだあいまいになってくる。まず、ぜひ、ちゃんとリストをつくって具体的な事例を挙げて、それを、法務委員会のみならず、国民の理解をいただいた上で進めていただきたい。もし、そのように進めれば、国民は「こんな機関は必要ない」という結論を必ず下すと私は思う。この点についてどう思うか。

平岡　個別の事案についての当てはめの問題については、それぞれ具体的状況が不明なので答えることは困難であるが、基本的な考え方としては、「人権侵害」とは、「憲法の人権規定に抵触する公権力による行為のほか、私人間においては、民法、刑法、その他の人権にかかわる法令の規定に照らして違法とされる行為である」と、私たちは考えている。

したがって、人権救済機関が取り扱う話は、司法救済を補完するものとして位置づけられることから、救済の対象は司法手続においても違法と評価される行為であることを前提としている。

城内　また、例えば、私が、国会議員として委員会の場で平岡大臣に「平岡大臣はもしかしたら部落解放同盟の回し者じゃないか」という表現を取れば、これは差別的表現と言えるのではないか。私のこの表現が、将来、人権委員会ができた時に、差別的表現として、あるいは著しく不快になる人権侵害として、問題とされる可能性があるのかないのか、ないとしたらその根拠はどこにあるのか、教えて欲しい。

平岡　一般論的に言うと、例えば、国会議員が議会、委員会においてする発言については、院外あるいは国会外で責任を問われることはないというルールがあるので、そのルールに照らして今の御指摘の問題については考えていくということも必要ではないかと思う。

城内　いや、それはおかしい。国会議員と、メディア条項がないということなのでメディアは、責任追及から除外されるのに、一善良な市民がちょっと口を滑《すべ》らせて、根も葉もないうわさを発言した場合に、それを「著しく不快あるいは差別的言動である」と主張されて、まさに合法的な恐喝、ゆすり、たかりをされる対象となる。また、人権委員会に問題を取り上げられてそれが報道されると、その人はもうお終《しま》いだ。

既存の人員の活用でコストは最小限に

⑧人権委員会設置のコスト

城内　人権委員会をつくることは、行政のスリム化に逆行している。今まさに民主党さんは事業仕分けをしているわけですよね。

今、政府・民主党、与党民主党がつくろうとしている人権救済機関は、公正取引委員会と同じく「三条委員会」ということだが、例えば公正取引委員会の年間予算は約80億円だ。人権委員会を設置した場合にかかる予算、経費、人員について、政権与党は、当然、計算して制度設計していると思うが、その具体的な数字を大まかで結構ですから教えていただきたい。

平岡　コストについては、現在、制度設計の詳細を詰めているところなので、具体的な費用の検討までには至っていないと報告を受けているが、今、法務省の人権擁護局で行っている人権擁護施策について言えば、人件費を除いたところで約30億円の費用がかかっていると承知している。

城内　私は、法務省の人権擁護局、人権啓発等の活動で、まさに地方の法務局や地域でボランティアで頑張っていらっしゃる人権擁護委員の草の根の活動で、関係者は本当に頑張っていると思う。ですから、むしろ、そういった人権啓発に予算を振り向けるとか、あるいは無給の人権擁護委員の方々が人権問題を解決するに際してのいろいろな経費を負担するとか、それをまずやるべきである。何か巨大な組織をつくったことによって一体どれだけの効果があるのか、大臣だって答えられていない。何か最初から結論ありきで、おかしいと思いませんか。

平岡　今、巨大な組織という表現をされたが、私たちとしては、基本的には、法務省にある既存の人員を活用するということを考えているので、今回、委員会制度になったからといって、巨大な組織になるという認識は持っていない。

制度発足後5年で必要な見直しも

⑨立法の方針

城内　大臣は、「野党の方々に理解をしていただけるような内容に、少しマイルドなものにしていくというようなことも考えなければならない。」と言っているが、それは、「そもそも原案が劇薬のように大変危険であるから、野党も飲んでもらうためにマイルドにした」としかとれない。

「基本方針」を見たところ、「特別調査」については、本来ならば調査拒否に対する過料等の制裁を想定していたのでしょうが、当面置かないこととする、改めて検討すると。「救済措置」についても、訴訟参加及び差し止め請求訴訟の提起については当面導入をしないということで、マイルドなものにしたと。一番問題なのは「その他」で、「制度発足後5年の実績を踏まえて、必要な見直しをすることとする」としている。

これは、要するに、マイルドなものにして野党にも賛成させて、民主党のプロジェクトチームでも発言があったように「小さく産んで大きく育てる」と。最初はマイルドなようなものに見せておきながら後で劇薬にするということではないかと思う、この点について、大臣、どのようにお考えか。

平岡　実は、まだ民主党政権になって具体的なもの（法案、要綱等）を発表したことはない。あくまでも、「基本方針」の中でいろいろ語っているのは、平成13年（2001年）の人権擁護推進審議会の答申を踏まえて提出された当時の政府（自公政権）の法案を基にしたもの。その法案の中に、今議員が指摘されたことがいろいろ書いてあり、その点についての議論もいろいろあったという理解のもとに、前の政権が出した法案で検討されていた諸点については、今回私たちの法案の中ではこのようにしていこうと考えたということである。

また、「その他」にある「見直し」に関しては、これは、小さく産んで大きく育てるという人もいるかもしれない。しかし、このような仕組みをつくる時には、通常、何年間か経ってしっかり見直しをするというのは従来からよく行われている話である。委員会制度をつくった前例となるものにも、このような見直し規定というものが入っており、私たちとしても、やはり「改めるべきは改める」という姿勢は常に持ちながら、こうした重要な法案について取り組んでいきたいということをお示ししている。

人権委員会はやはり必要だ！

以上示したように、国会審議の中で反対する意見はあるものの、私は、わが国で起きている様々な人権問題について、より信頼性が高く、実効的な救済を実現するため、政府からの独立性を有する新たな人権救済機関（人権委員会）を設置する必要があると考えます。

人権問題は、中立性や公平公正さが要請される問題であり、時の政権や人権問題を所管する特定の政治家の判断に委《ゆだ》ねるより、政府から独立性の高い中立的な組織で公平公正に取り組んでいくべきものと考えるからです。この点については、前述の「パリ原則」においても明確に示されているところでもありますし、自公政権時代であった２００８年の国連人権理事会の普遍的定期的レビューにおいて出された勧告に対しても、自公政権は、パリ原則に沿った国内人権機構の創設に向けた検討を引き続き行っていく旨の回答をしています。

実は、私が法務大臣であった時、法務省の人権擁護局の職員と一緒に、人権委員会設置法案自体の作成作業をしましたが、併せて、法案関連の想定問答集の作成作業も精力的に行いました。その想定問答集を基にして「法務省：Q＆A（人権委員会設置法案等について）平成24年（２０１２年）12月14日」が作成され、現在（２０１５年５月末現在）でも、インターネット上の法務省ホームページで閲覧できる状況にあります。この想定問答集が安倍内閣の下の法務省ホームページに掲載されているということは、安倍内閣も、本音では、人権委員会の設置の必要性を認めているのでしょう（嬉しい誤解かもしれませんが……）。

それはともかくとして、人権委員会について疑問点を持たれておられる方は、是非、ご覧になっていただき理解を深めていただきたいと思います。ちなみに、そのQ＆A（想定問答）の「Q２　なぜ、新たに人権委員会を設ける必要があるのですか」では、次の通り結論付けています。

「このような答申（２００１年５月の人権擁護推進審議会の答申）やパリ原則の趣旨を踏まえると、法務省人権擁護局等によって運営されている現在の人権擁護活動について、（１）明確な根拠法を制定することとともに、（２）行政権力の担い手である所管大臣から指揮監督を受けない機関、すなわち、政府からの独立性を有する機関を新たに設置し、（３）この機関に人権擁護活動全般を担わせるものとすることが必要です。」

第4部　リベラルな市民社会の創造に向けて

第12章 靖国神社の参拝問題を問う

「靖国参拝問題」取り組みにおける3つの視点

2013年12月26日、第2次安倍内閣後初めて安倍首相が東京・九段北の靖国神社を参拝しました。また、これに先立って、同月18日に靖国神社で行われていた秋季例大祭に、新藤総務相（当時）や超党派の「みんなで靖国神社に参拝する国会議員の会」の157名の国会議員が参拝しています。安倍首相は、靖国神社の参拝に関して「国のために戦い、倒れた方々に尊崇《そんすう》の念を表し、ご冥福をお祈りする気持ちを表していくのは、リーダーとして当然のことだ」と、いつも通りの決まり文句を述べています。

安倍首相の言っていることは、部分的にはその通りだろうと思いますが、靖国神社参拝問題の本質を考える時、安倍首相の見方は個人的感情にとらわれたり、一面的にしかモノを考えていない、あまりにも近視眼的なモノの見方だと思います。
私は、靖国神社への閣僚の参拝問題については、少なくとも、次の3つの視点を踏まえて取り組んでいかなければならないと思っています。

「政教分離の原則」の視点

その第1は、日本国憲法（第20条）に規定された「政教分離の原則」との関係です。憲法20条第3項は「国及びその機関（総理大臣も含まれる）は、宗教教育その他いかなる宗教的活動もしてはならない。」と規定していますが、宗教法人の一つである靖国神社への参拝については、これまでの判例では「宗教団体である靖国神社に総理大臣が公式参拝することは、目的は世俗的であっても、その効果において国家と宗教団体との深い係わり合いをもたらす象徴的な意味を持つ」（多くの判決で同趣旨）と論じられています。

政教分離の原則は、信教の自由の保障を完全なものにするためには、国家と宗教とを絶縁させる必要があることから認められた原則です。国家が特定の宗教を優遇することは、逆に、それ以外の宗教の自由を抑えることになります。明治憲法の下では、国家神道が認められていた結果、政教分離は認められず、政教一致が原則とされていたのです。現憲法は、明治憲法時代に信教の自由が制約されていたことに省み、「政教分離の原則」を採用しています。

「アジア諸国との関係」の視点

その第2は、アジア諸国との関係です。靖国参拝問題が一躍注目されるようになったのは、1985年（昭和60年）に中曽根康弘・首相（当時）が、周到な理論構成の準備をした上で「公式参拝」を行った時からです。「8月15日に中曽根首相ら閣僚が戦後初めて靖国神社を公式参拝する」と発表されたことに対し、中国外務省が初めての公式見解として「中曽根首相らの神社参拝が実行されれば、中国人民、日本人民、アジアの人民の感情を害することになるであろう。」と発表しています。

ここで注意すべきは、中国政府の考え方です。中国政府は、戦争責任については、「中国侵略戦争の責任は、日本軍国主義者にあるのであって、それ以外の日本人民は、中国人民と同じように日本軍国主義の犠牲者であった」としています。そのため、中国政府は、「A級戦犯」を祀《まつ》る靖国神社への参拝という首相等の政治的行為を問題としているのであって、「靖国神社そのもの」を問題としているのではない、と考えられます。

その後、中曽根首相は、自ら行った公式参拝の反響に鑑み、公式参拝をした翌年の8月14日には、「近隣諸国の国民感情に配慮する」として参拝を正式に断念することを後藤田正晴・官房長官の談話として発表しています。加害者は、被害者の痛みが十分に分からず、時として被害者の気持ちを知らず知らずのうちに踏みにじっていることがあることを忘れてはならないと思います。

「平和憲法下での靖国神社の位置づけ」の視点

その第3は、靖国神社の位置づけです。そもそも、靖国神社は、どのような状況の下で、どのような目的を持って創建され、国家神道の中心的施設となったのでしょうか。靖国神社の歴史は新しく、1868年（明治2年）に、戊辰《ぼしん》戦争における官軍側の戦死者を祀るために「東京招魂社」として創建され、その10年後に「靖国神社」と改称され、内務、陸・海軍3省の所管（その後、陸・海軍2省の所管）となりました。

そして、日清戦争直後の1894年（明治28年）、福沢諭吉が社主であった「時事新報」の論説で次のように書かれました。すなわち、「いつまた戦争になるかもしれない。戦争になったら、何に依拠して国を護るべきなのか。それは、まさしく死を恐れずに戦う兵士の精神に他ならず、したがって、その精神を養うことこそ国を護る要諦である。そして、それを養うためには、可能な限りの栄光を戦死者とその遺族に与えて、戦死することが幸福であると感じさせるようにしなければならない」と。

その1カ月後に、靖国神社での日清戦争の臨時大祭と明治天皇の靖国神社参拝が実行されたのです。その時から、当時の軍国主義政策を精神面で支える支柱として、靖国神社は、国家と一体化していったのです。

このような靖国神社の位置づけと「平和憲法」たる日本国憲法との関係を、シッカリ考慮する必要があると思います。

以上、3つの視点について概説してみましたが、政教分離（憲法第20条）と平和主義（憲法前文、第9条）を規定する日本国憲法を尊重し擁護する義務（憲法第99条）を有する公務員のうちでも、「国のリーダー」たる総理大臣は、この3つの視点を踏まえた言動を取るべきです。

「追悼懇」「つくる会」での議論を振り返り、進展を目指せ！

このような視点をも踏まえ、実は、「国のために戦い、倒れた方々に尊崇の念を表し、ご冥福をお祈りする気持ちを表していく」ための場について検討されたことがありました。それは、2001年8月の小泉純一郎首相（当時）の靖国神社参拝を契機として、同年12月に福田康夫・官房長官（当時）の私的諮問機関として設置された「追悼・平和祈念のための記念碑等施設の在り方を考える懇談会」（通称「追悼懇」）です。追悼懇では、「何人もわだかまりなく戦没者等に追悼の誠を捧げ平和を祈念することのできる記念碑等国の施設の在り方について」議論することとされました。

追悼懇は、２００２年12月24日、「具体的な検討項目（施設の種類、名称、設置場所等）について意見を取りまとめるのは時期尚早である」としつつも、「21世紀を迎えた今日、国を挙げて追悼・平和祈念を行うための国立の無宗教の恒久的施設が必要であると考えるに至った」旨の報告書をまとめたのです。

その間、民間の立場で「新しい国立の施設」の実現に取り組む動きがあり、経済界、労働界、文化人、宗教界、法曹界の方々を呼びかけ人として、２００２年６月５日、「新しい国立の施設をつくる会」が設立されました。その後、「新しい国立の施設をつくる会」は、同年７月30日に、「新しい国立追悼施設をつくる会」（通称「つくる会」）の設立総会を開催し、同日、「首相の靖国神社『公式参拝』中止と『新しい国立追悼施設』建立を要請する申入書」を小泉首相に提出すると共に、各党に超党派による対応を要請する申入書を提出しました。私も、当時、民主党の「靖国問題ワーキング・チーム」（座長：末松義規・衆議院議員（当時））の事務局長という立場でこれらの活動にかかわった経緯があります。

追悼懇の報告は、その後、自民党政権下でも民主党政権下でも何らの進展がないまま推移して来ましたが、２０１３年12月の安倍首相の靖国神社参拝によって問題が再燃し始めたことを考えると、戦争を体験した皆さんがお亡くなりになる前に何とか進展を見たいものです。

第13章　教育に政治はどう関わるべきか

「国家のための教育」が色濃くなってきた

人を育てることは、「国家百年の計（大計）」です。それはそれで正しいのですが、問題は「どんな人に育てるのか」です。政治は、どんな仕組みで人を育てるのか（教育制度）、どんな内容の教育をしていくのか（教育方針）、どれくらいの規模で教育していくのか（教育予算）、どんな人を教員にしていくのか（教員資格）等を決める重要な役割を担っています。ただし、教育方針、教育手法等については、教育の特質に鑑みた教育行政の安定性、中立性の確保という考え方から設置されている教育委員会が担当していることは、十分に配慮されなければなりません。

しかしながら、最近の安倍政権の教育政策を見ると、「国民のための教育」ではなく、「国家のための教育」という色彩を強くしており、閣議決定だけで設置された「教育再生実行会議」等によって安倍政権好みの教育政策が無理やりに進められている実情にあるように思えます。以下、具体的に起こった、あるいは起こっている問題について考えてみたいと思います。

日本政府の見解だけを載せる教科書

文部科学省が、2014年4月4日、2015年度から使用する小学校教科書の検定結果を公表しました。社会科の教科書では、下村博文・文科相が「領土をきちんと教える」と言ったことを踏まえて、領土問題について内容の変更が行われています。

2014年度以前の教科書で領土問題に触れているのは、小5社会の1点だけだったそうですが、2015年度から使用する教科書の検定結果では、社会科を発行する4出版社すべてが「竹島」「尖閣《せんかく》諸島」について、5年生か6年生の教科書で記述したそうです。

その内容は、例えば、「竹島は日本固有の領土ですが、韓国が不法に占拠……」とか、「尖閣諸島も日本の領土でありながら、中国が自国の領土であると主張……」とか、日本政府の見解だけを記述した教科書が合格したそうです。

日本政府の立場からは、「韓国の教科書では、竹島（韓国名では「独島」）は韓国の領土と記述しているし、中国の教育でも、尖閣諸島（中国では「釣魚島」）は中国の固有の領土と教えているのだから、日本も自国の見解だけを教えて何が悪い」と言いたいのでしょう。

しかし、私や皆さんが教えられる立場であるならば、領土問題についてどんな教育を受けたいでしょうか。一方的に、日本政府の主張だけを教えられて納得や満足ができるでしょうか。教えて欲しいことは、いろいろな事実であり、幅広いモノの見方だと思います。その上で、自分自身の考え方を持って行きたいと考えます。

そのことは、私たち日本人に限ったことではないと思います。私や皆さんが、もし、韓国人であったり、中国人であったりしても、同じでしょう。自分の国の政府の一方的な見解だけを教えられて納得や満足はできないと思います。

事態はさらに深刻化しそうです。教科書の記載内容について、２０１５年4月から使用される一部の教科書から、「従軍慰安婦」や「強制連行」の語が削除されるという事態が発生しています。なぜそうなったのかの原因は明らかにされていませんが、政府・文科省の関与も十分にあり得るところです。

「教育」は、それぞれの国の政府にとって都合のよいことを教えるというものではなく、教えられる人のために教えるものだと思います。私自身は、「豊かな知識を習得し、幅広い見識を身に付けるための教育」を受けたいと思いますが、皆さんはいかがですか？

文科大臣による「教科書使用の是正要求」の問題点

沖縄県竹富町教育委員会が八重山・教科書採択地区協議会（石垣市、竹富町、与那国町）の決定とは異なる中学公民教科書を使用していた問題で、２０１４年3月14日、下村博文・文科相は、地方自治法に基づき、竹富町教委に対して地区協決定の教科書を使うよう是正要求しました。

国が直接に市区町村に是正要求できるのは、地方自治法で「緊急を要するときその他特に必要があると認めるとき」に限定されており、これを越えたのは、このケースが初めてだそうです。この点について、文科省は、「このままでは来年度の授業に間に合わない」という理由で、「緊急を要するとき等」に該当すると判断したそうです。そして、下村文科相は、この件について閣議後の記者会見で「以前から違反状態の是正を求めていた。竹富町は深刻な問題として捉えてほしい。」と述べていますが、本当に「深刻な問題」は何なのでしょうか。むしろ、下村文科相側に問題があると考えられます。

前述した文科省の判断は、政治的な問題を引き起こすだけでなく、法律的に言っても間違っています。それは、「教科書採択地区」（複数の市町村が一つの教科書を採択すべき地区として都道府県教育委員会が設定した地区）制度がなぜ設けられているか、その制度の趣旨を正しく理解していないからです。

教科書無償措置法は、「教科用図書の無償給付などの措置について必要な事項を定めるとともに、当該措置の円滑な実施に資《し》するため、義務教育諸学校の教科用図書の採択及び発行の制度を整備することを目的とする」と規定しており、あくまでも、教科書無償給付の手続きの円滑化のためのものでしかありません。

竹富町は、これまでも、地方教育行政法が教科書の採択権限を地元教育委員会に与えていることを根拠に、東京書籍版の使用を決め、寄付金で購入して配布してきています。そして、そのことによって、教科書無償給付の手続きが特に混乱したことはなかったわけで、沖縄県教委も「学校は混乱していない」と認識していたのです。

法律的には以上の通りであると考えられるにもかかわらず、下村文科相が敢《あ》えて直接に竹富町教育委員会に是正要求を出したことは、何を意味するのでしょうか。「教科書無償制度」の円滑な運営を図ろうとするものではなく、識者から「国家主導で教育政策を進めたい安倍政権の意向もある」と鋭く指摘されているように、教育の在り方そのものに国が直接介入しようとしているのです。

下村文科相は「竹富町は深刻な問題として捉えてほしい」と言っていましたが、下村文科相は、むしろ、自分自身や文科省、延《ひ》いては安倍政権の態度こそ、その権限を乱用して、わが国の教育に対して「深刻な問題」を引き起こしていることを自覚すべきです。

「戦後レジームからの脱却」は「道徳の教科化」から始まる!?

安倍首相は、「戦後レジームからの脱却」を目指して、「突き詰めて言えば、命を懸けても守るべき価値の再発見」をしようと言っています（2011年7月、修学院政経セミナー）。そして、それを実現するために、「道徳の教科化」を強引に進めようとしています。

「道徳の教科化」は、過去にも議論されたことはありましたが、「道徳」が人の心の問題でもあることから慎重に議論が行われていました。しかし、2012年末に第2次安倍政権が発足してからは、拙速とも言える速さで、しかも、「集団的自衛権問題」を議論した「安保法制懇」と同様、安倍首相寄りのメンバーが人選された「教育再生実行会議」等が中心となって進められてきました。

安倍政権下の「教育再生実行会議」と「道徳教育の充実に関する懇談会」

安倍政権の下では、道徳の教科化は、2013年1月に閣議決定だけで設置された「教育再生実行会議」で、「いじめ」の問題にからめて取り上げられました。同年2月15日の第2回会合「いじめ・体罰の問題に関する討議」において、安倍首相は、「いじめ問題は、……道徳教育を充実していくことが大切」、「道徳は、第1次安倍政権の時は教科にならなかったが、教科化も含めてもう一度検討していく必要がある。」と挨拶しています。

教育再生実行会議でわずか一回の審議しか行われていなかったのに、同月26日の第3回会合で、「いじめ問題等への対応について」が提言（第1次提言）されています。そして、その提言の中に、「道徳を新たな枠組みによって教科化する」、「道徳教育の指導方法を開発し普及する」といった重要な課題についての方向性が示されたのです。

その提言を具体化するため、同年4月には、文科省・初等中等教育局長の決定だけで設置された「道徳教育の充実に関する懇談会」会合が開催されました。まるで、集団的自衛権問題の「安保法制懇」の「手口に学ぶ」進め方です。私は「道徳は個々人の人格を形成するためのもの」と考えていますが、本懇談会では、道徳教育は「国家・社会の安定的で持続可能な発展の基礎となるもの」と位置付けられています。

本懇談会は、同年12月に「今後の道徳教育の改善・充実方策について」の報告をし、その中で、「教科化」するに当たっての「成績評価」や「教科書検定」に関し、「数値による評価は不適切であるが、評価することは重要。記述式の欄など多様な評価の方法を検討」、「教材を教科書として位置づけ、新たに教科書を導入することが適当」と言及しています。

中教審・道徳教育専門部会の取りまとめから見える危険性

本懇談会の報告を受け、下村・文科大臣は、２０１４年２月に文部科学大臣の諮問機関である中教審（中央教育審議会）に対し、「道徳の教科化について」諮問しました。中教審では道徳教育専門部会において、検定教科書の導入、成績評価の検討、教員養成の在り方等について協議が行われた後、同年８月７日、その取りまとめが行われたのです。

その取りまとめのキーワードとなっているのは、「正直、誠実」と「公正、公平、正義」です。中教審・道徳教育専門部会は、小中学校の「道徳」の「特別の教科」（仮称）への格上げ、すなわち「道徳の教科化」を目指す議論の取りまとめの中で、これらのキーワードを道徳教育において指導する徳目として示しました。

これらのキーワードには特に違和感のない言葉が並びますが、山口大学の小川仁志《おがわひとし》准教授（公共哲学）は、「指示への『誠実』さが企業の不祥事を生んだり、『正義』の名の下に戦争が起こされたりすることもある。こうした言葉の善悪そのものを疑って議論するような授業にならなければ、国家が重視したい特定の価値を国民に押し付けることに繋がりかねない」（２０１４年８月８日付朝日新聞）と指摘しています。

前述の安倍首相の発言を聞けば、小川准教授の指摘が当たっているのではないかと思われます。私は、前述の通り、「道徳は、個々人の人格の形成をするためにある」と考えるのですが、安倍首相は、「道徳は、『命を懸けても守るべき価値は、国家や社会である』と教え込むためのものである」と考えているのです。

憲法解釈の変更によって「集団的自衛権の行使」を容認した安倍政権は、「戦争のできる国」を目指し、国家安全保障会議（日本版ＮＳＣ）の設置（２０１３年12月）、特定秘密保護法の強行採決（同月）、武器輸出３原則から「防衛装備移転３原則」への変更（２０１４年４月）等を行ってきています。「道徳の教科化」もその動きの中の一つです。「国家百年の計」と言われる教育の重要性を考えると、今こそ、国民が、シッカリと「道徳の教科化」の問題点を警戒心を持って認識しなければなりません。

世界の流れに逆行する「高校授業料無償化の見直し」

高校授業料無償化は、民主党政権下で具体的に実現した、高等教育制度における画期的な政策でした。これに対し、安倍政権は、「高校授業料の無償化」に所得制限を付すこととして「原則として年収９１０万円以上の世帯を無償化の対象外とする」こととし、併せて、これによって捻出される財源で低所得者向けの給付型奨学金制度の創設等を行うこととし、２０１４年度から実行に移されました。

しかしながら、「高校授業料の無償化」に所得制限を付すことは、高等教育に関する国際的潮流に逆行する動きなのです。

実は、「高校授業料の無償化」は、その政策の発案者である民主党の中では「高校の義務教育化」を目指すことが議論の出発点でした。しかし、「義務教育にしたら、高校に行かないで働きたいと考えている人たちを軽視することにならないか。」等の問題点から、取りあえず、「高校授業料の無償化」で実施しようということになったのです。

皆さんに知って欲しいのは、「高校の義務教育化」はともかくも、そもそも、「高校授業料の無償化」は、先進諸国では当たり前の話だということです。１９６６年に国連総会で「国際人権Ａ規約」という条約が採択されましたが、その中で、「中等・高等教育は無償にして、全ての者に対して均等に教育の機会を与えるべき」と規定されています。多くの先進国（米（州ごとに異なる）、英、加、豪、独、仏、西等）が、この条約に基づいて、すでに高校の授業料を無償化しています。

しかし、日本は、この条約を批准したにもかかわらず、民主党政権以前の自民党政権は、条約の「無償教育の導入」に関する規定を留保し続けていた（つまり、「導入することには縛《しば》られない」としていた）のです。そして、民主党政権下での高校授業料無償化の実現等を踏まえて、ようやく日本（野田佳彦内閣）は、その留保を撤回したのです。

にもかかわらず、安倍政権では、高等教育における「無償教育の導入」に逆行する動きをしています。

OECDで最低水準にある日本の教育予算

他方、日本の教育費が他国に比べて少ないことにも留意すべきです。国内総生産（GDP）に占める学校など教育機関への公的支出の割合は、日本は3・6％（2010年）で、データが比較可能なOECD加盟30カ国中、4年連続で最下位です。教育費の他にも、日本は、子育て支援の公的支出もOECD加盟国の中で最低水準にあります。

GDPに占める教育費の割合のOECD平均は5・4％で、日本政府は、かつて、「第1期教育振興基本計画（2008年度～2012年度）」の中に、この平均値を「参考にする」との記述を盛り込んだものの、安倍内閣が2013年6月14日に閣議決定した「第2期教育振興基本計画（2013年度～2017年度）」では、教育予算の「OECD諸国並みを目指す」という文言の掲載が見送られています。

教育は「国家百年の計（大計）」であるはずなのに、何ともお寒い安倍政権下での教育予算の方針ではないでしょうか。

第14章
時代遅れの家族観と歪んだ女性観をただす

ようやく行われた婚外子《こんがいし》の相続分差別の見直し

安倍内閣は、2013年11月、婚外子《こんがいし》（結婚していない男女間に生まれた子）の相続分差別を削除した民法改正案を閣議決定し、同法案は、同年12月5日に国会で可決・成立しました。これは、同年9月4日に最高裁判所が「『婚外子の法定相続分は、婚内子（結婚した男女間に生まれた子）の2分の1』としている民法の規定が『法の下の平等』を定めた憲法に違反する」との判決を出したことを踏まえて行われたものです。

最高裁が違憲判断を出すのも「遅きに失した」と思いますが、政府、とりわけ長期政権を維持してきた自民党政権の対応も「遅きに失した」と思います。実は、「婚外子相続分の同等化」は、1996年の法制審議会（法務大臣の諮問機関）がすでに民法改正要綱に盛り込んでいます。にもかかわらず立法化が遅れたことについては、立法化に反対してきた政治家は責任を感じるべきです。

実は、立法化に反対をしてきた政治家には、安倍晋三首相が会長を務める保守系議員による超党派議員連盟「創生日本」に所属する国会議員が大勢います。2013年10月29日に国会内で開かれた「創生日本」の総会では、その冒頭、中曽根弘文・会長代行が「婚外子の相続や国民投票など数々の課題がある。しっかりと首相を支え、真の保守政治を実現していかなければならない」と挨拶をし、前記の最高裁判決を踏まえて作成されようとしていた民法改正案に対し、「家族制度を崩壊させる」との懸念を示していたのです。

水島広子議員の追及

この問題に関して鮮明に思い出すのは、2000年6月に私が衆議院議員に初当選した時の、当選同期の水島広子さん（当時34歳）のことです。現在は精神科医として活躍している彼女は、初当選した直後の同年7月の衆議院本会議での代表質問で、この問題を取り上げました。その後、彼女が衆議院予算委員会の分科会で質問する場面に遭遇しましたが、彼女が「何の責任もなく生まれてきた子供をなぜ差別するのか」と厳しく迫っていたことに新鮮味を感じました。彼女の立論を、当時の彼女のインタビューから引用してみたいと思います。

「今の法律で差別されているのは子どもなのに、『正妻の立場を守るため』なんてズレた理屈で正当化されているのはおかしい。不倫がいけないというのなら、不倫防止法でもつくればいいのであって、何の責任もなく生まれてきた子どもを差別するのは間違っている。」

最高裁判決が出てようやく法改正にたどり着いた事態の推移に対し、彼女は、今どんな思いでいるでしょうか。

いまだ解決しない嫡出推定問題

民法第772条の「嫡出推定」規定をご存知でしょうか。第1次安倍内閣時代、衆議院予算委員会や参議院厚生労働委員会でも民主党議員によって質問され、安倍首相が「民法の規定の見直しの要否を含めて、慎重に検討したい」と答弁したことから、一時注目されたことがありました。当時、与野党の超党派議員による「民法772条の嫡出推定に関する勉強会」が開かれ、多くの国会議員が参加しましたが、第1次安倍内閣時代はもちろん、その後の第2次、第3次安倍内閣時代になっても、いまだに解決していません。

民法772条では、次の通り規定しています。すなわち、第1項では、「妻が婚姻中に懐胎《かいたい》した子は、夫の子と推定する」とし、第2項では、「婚姻の成立の日から200日を経過した後または婚姻の解消若しくは取消の日から300日以内に生まれた子は、婚姻中に懐胎したものと推定する」としています。この第2項の規定の存在によって、例えば、次のようなケースが問題となります。

すなわち、離婚した女性が再婚（民法733条によって、女性は、離婚後6カ月間は再婚できません）をし、再婚後であっても離婚後300日以内に出産した場合は、その子は、前夫の子と「推定」されてしまいます。そのため、役場での出生届では、「前夫の子」としてしか受け付けてもらえないのです。ただし、「推定」でしかありませんので、そうでないことを証明すれば、その推定を覆《くつがえ》すことは法律的にはできるのですが、現在はそのための手続きが大変です。

手続きとしては、前夫が子の出生を知った日から1年以内に「嫡出否認」の訴えを起こすか、子、妻、前夫などから「親子関係不存在」の訴えを起こすことになりますが、手間隙や費用がかなりかかります。さらに、出生届は、とりあえず「前夫の子」としか受理されませんので、後で裁判等で親子関係がないことが確定しても、「前夫の子」として戸籍に記載された事実が「×」印で消されることによって痕跡は残ってしまいます。

医学の進歩に合わせた法の適応を

この問題の核心を突き詰めて言えば、「法が推定するものと異なる内容の届出があった場合に、どのようなことが、どのような方法によって、どの程度確実なものとして証明されれば、その届出が受理されるのか」という問題であると思います。この考え方によれば、現在は「裁判で確認されなければ、受理は認められない」という実務になっていることが、医学の進歩した時代に合わなくなっているということでしょう。

そこで、例えば、生まれた子が「前夫の子」でないことが医学的に証明される場合（私は、医学の知識が乏しいので正確なことはいえませんが、理論的には、①離婚時または再婚時に妊娠反応がない場合、②妊娠した日が離婚した後の日であることが証明される場合、③子の出生時に親子関係がDNA鑑定で証明される場合など）には、「現在の夫の子」としての届出を受理することを認めてはどうかと考えます。

ただし、ここまで考えますと、「推定」が一つしかない場合で、一定の要件がある時にはひっくり返すことが認められるのであるならば、「推定」が重複することを避けるために設けられている規定、具体的には、「再婚禁止期間」規定（民法第733条）についても、その適用の必要性がない場合が想定され得ます。

「再婚禁止期間」規定は、生まれる子が、「前夫」と「夫となる人」のどちらの子かわからなくならないようにするために設けられた規定ですが、どちらの子か医学的に証明できる場合には、現在「再婚禁止期間」とされている期間であっても再婚をすることが認められてよいのではないかと考えられます。

女性の「再婚禁止期間」については、国際的にも「女性差別である」との批判もなされていますし、最高裁も、2015年2月18日、「再婚禁止期間を定める民法第733条は憲法違反である」とする訴えについて大法廷で審理することを決めています。現在「再婚禁止期間」とされている期間であっても、例えば、前記の例示の①及び②の場合や、生まれる子の出生時に親子関係がDNA鑑定で証明される用意が整っている場合などには再婚できるように、民法第733条の規定を改正することを検討すべきではないかと考えます。

「選択的夫婦別姓制度」問題の動向

前述の1996年の法制審議会の民法改正要綱には、選択的夫婦別氏（別姓）を認める改正案も盛り込まれています。にもかかわらず、婚外子相続差別問題と同様、一部の強硬な反対派議員の存在によって、これまで立法化が進んできませんでした。遅ればせながらも婚外子相続差別を解消する民法改正を実現させた安倍政権で、選択的夫婦別姓制度が実現できるのでしょうか。

夫婦の氏（姓）の状況について国際的にみれば、夫婦同姓が義務付けられている国は少数です。国連の女子差別撤廃委員会は、2009年8月、「選択的夫婦別姓制度を採用する民法改正のために早急な対策を講じるよう締約国（日本）に要請する」と勧告しています。日本と同様に長年同姓制を維持してきたドイツは、１９９３年、同姓制を原則としながらも別姓の選択も認める法改正を行いました。家制度の厳格な韓国では、男女問わず婚姻後もそれぞれの父系姓を名乗る夫婦別姓でしたが、２００５年改正により、子の姓の取り扱いは弾力的になっています。

この問題についてまた思い出すのが、水島広子・衆議院議員（当時）です。ご自身の子供の姓を選ぶために離婚と結婚を同夫婦間で数度繰り返した水島議員は、夫婦別姓制度についても前述の代表質問で取り上げています。その彼女の立論を、同じく、彼女のインタビューから引用しましょう。

「反対派の人たちの言う『夫婦が同じ姓でないと、生まれてきた子どもがかわいそう。いじめられる。』という理屈もおかしい。『じゃあ、中国のように父母の姓が違う国では、逆に同じ姓ならかわいそうなんですか、いじめられるんですか』と話していくと、30分もあればだいたい説得できますよ。」

最高裁は、２０１５年2月18日、「夫婦同姓制度は男女平等の権利を保障した憲法に違反する」とする訴えについても大法廷で審理することを決めています。夫婦別姓問題についても、遅ればせながら改めて国民的な議論をすべき時期が来ています。

「女性活躍」を謳う安倍首相の女性観

ところで、安倍首相は、2014年9月3日の第2次安倍政権の初めての内閣改造で、有村治子・参議院議員を「女性活躍担当大臣」に任命しました。この人事について、NHKは、「育児と仕事の両立を目指す女性の活躍を支援する内閣の姿勢をアピールするねらい」と評していました。しかし、安倍首相は、何を目指して「女性活躍」を実現しようとしているのでしょうか。

安倍首相の政権構想のバイブルとも言える『新しい国へ　美しい国へ　完全版』（安倍晋三著、文春新書　2013）を読み直してみましたが、「女性活躍」については何の記述もありませんでした。関連する記述としては、「しっかりした家族のモデルを示す」ことや「理想とする家族観」があったくらいで、そこでの女性観は従来同様、古風なものです。

その安倍首相が「女性の活躍」を意識するようになったのは、アベノミクスの3本目の矢である「成長戦略」の中で、です。首相官邸ホームページでは、「女性が輝く日本をつくるための政策である『待機児童の解消』、『職場復帰・再就職の支援』、『女性役員・管理職の増加』」は、「持続的な日本の経済成長につなげるための『成長戦略』」の中の一つと位置付けています。

そこには、「女性自身のための女性活躍」という発想はありません。原点にあるのは、「経済成長のための女性活躍」や「日本のための女性活躍」という発想です。安倍首相が進めようとする「道徳の教科化」が、「一人一人の個人の人格の形成のため」にあるのではなく、「日本や社会の維持発展に役立つ人を育てる」という発想から出ているのと類似しています。

安倍政権では「選択的夫婦別姓制度」の実現は期待できない

さて、本題の「選択的夫婦別姓制度」についてです。これが現代社会において「女性活躍」のために不可欠であると考えられる中で、安倍政権ではどう取り扱われるのでしょうか。

振り返ってみると、選択的夫婦別姓制度については、すでに1996年の法制審議会の民法改正要綱にも入っており、前述のような国際的環境にありながらも、「家族の一体感を損《そこ》ねる」と主張する一部の強硬な反対派議員の存在によって、これまで立法化が進みませんでした。そして、結論を先に言うと、安倍政権の下では、やはり、選択的夫婦別姓制度の実現は無理でしょう。

というのは、第1に、氏（姓）について規定する民法を所管する法務大臣が消極的だからです。

第2次安倍改造内閣で法相に任命され、その後1カ月半で辞任に追い込まれた松島みどり法相は、本名の「馬場」ではなく旧姓である「松島」を名乗っている身でありながら、大臣就任時の記者会見では「選択的夫婦別姓」について、現実的な運用改善を検討する意向を示したのみで、民法改正への言及はしませんでした。また、松島法相の後任に任命された上川陽子法相は、「民法を所管する法務大臣となり、国民の意見にこれからさらに自分自身耳を澄ませて参りたいが、（意見が）大きく分かれている状況なので、民法改正を直《ただ》ちにするということにはならないと考えている」と述べるに止《とど》まっています。

さらに、第2に（これが最大の理由と考えられますが）、第3次安倍内閣19人の閣僚のうち、安倍首相を含めて15人の閣僚が、選択的夫婦別姓制度に強く反対する「日本会議」国会議員懇談会に所属する議員だからです。

このような内閣では、「女性自身のために夫婦別姓制度が必要である」という発想は、とても生まれてきそうもありません。第3次安倍内閣で任命された女性閣僚のうち、「女性活躍担当大臣」に再任された有村氏の外、高市早苗・総務相、山谷えり子・国家公安委員長の3人と、自民党政調会長に再任された稲田朋美氏も、「日本会議」国会議員懇談会の有力な所属議員です。女性の立場に立って主張すべき人たちがこのあり様では、「望み薄」と言えそうです。

安倍政権は「女性活躍」を高らかに謳《うた》っていますが、私にはそううそぶいているに過ぎないように思えてなりません。

あとがき

　本書では、これまで、政策論議を深めていくため、アベノポリシーの主要な政策について、対案を示しながら論じてきました。しかし、「政治」は、政策（論議）だけで成り立っているものではありません。むしろ、ある首相経験者が私に対して「平岡さんの政策は筋が通っているかもしれないが、政治は、政策を実現させてこそ政治なのだ。実現されない政策は、無いに等しい。」と言ったように、政策実現のための政治を目指さなければなりません。

　安倍首相は、自分（安倍）の主張や政策を実現するためなら、どんな手を使うことも厭《いと》わないという「したたかさ」を持っています。例えば、次のようなことは、多くの方々が気付いておられることだろうと思います。

　第1に、経済政策を政権獲得・維持の手段に使っていることです。第2次安倍政権は、アベノミクスという「アメ玉」の経済政策で、目の前の損得に敏感な有権者を惹《ひ》きつけてきました。以前は経済政策について目立った提案も実績もなかった安倍首相は、政権獲得・維持のために「アメ玉」経済政策を利用し、株価維持・引上げのために公的年金基金のお金も使っています。

第2に、世論形成を目指して、マスコミへの介入、マスコミの懐柔を図っていることです。公共放送であるＮＨＫのトップや経営委員に自らの思想に近い人たちを送り込んだり、マスコミに政権中枢や自民党が圧力をかけたりして、自らに有利な（または、不利とならない）報道を実現させようとしています。また、「首相の一日」には、大手マスコミのトップ等との会食、ゴルフ等が頻繁に載っています。報道機関との適切な「距離感」を失わせてしまっています。

第3に、国民への説明に二枚舌を使っていることです。２０１５年4月に改定された日米ガイドライン（防衛指針）の内容は、憲法解釈の変更によって「集団的自衛権の行使」を認めた前年7月の閣議決定の際に国民に向けて説明された内容とほど遠いものがあります。国民には「国民への差し迫った危険への対処」を理由として説明しながら、米国には「米国との共同行動」を売り込んだのです。安倍首相が目指しているものが、実は、前者ではなく後者であったことが明らかになりました。

以上のようなことは、良識のある多くの人々が「おかしいな」、「問題だな」と感じていても、多くの有権者が、そのことに気付かない、あるいは、気付いていても「他の政権よりましだ」と思っているように見えます。

そのように考えますと、やはり、対案を示しながら政策論議をシッカリとすることによって、有権者の理解と意識を高め、「信頼される政治」を取り戻すことが大事だと思います。本書がそのために少しでもお役に立つことを期待したいと思います。

終わりに臨み、本書を執筆するに当たっては、私の政治活動を支えて戴いたすべての方々、とりわけ各地の後援会、同級生、親族・家族の皆さんに感謝をしたいと思います。皆さんの協力と理解なくして本書は完成しなかったと思います。本当にありがとうございました。

【資料】

「国際的な協調と共存を図るための平和創造基本法」（要綱素案）

２０１５年４月１日公表

昭和二十二年五月三日、日本国憲法が施行され、その前文において、私達日本国民は、政府の行為によって再び戦争の惨禍が起こることのないようにすること及び平和を愛する諸国民の公正と信義に信頼して私達の安全と生存を保持しようとすることを決意し、並びに全世界の国民がひとしく恐怖と欠乏から免れ、平和のうちに生存する権利を有することを確認した。私達日本国民は、これまで一貫してこの日本国憲法の理想及び目標を達成するために、たゆまぬ努力を続けてきた。

しかるに、日本国憲法の施行後に生じた国際的な対立構造によって、その理想及び目標の十分な実現が妨げられてきた。また、今日、国際社会において、多極化が進行し、国際連合を中心として協力して取り組むべき課題も多様なものとなっている。

このような状況の下、私達は、改めて日本国憲法の理想及び目標並びに国際連合憲章の精神に思いを致し、世界の平和と人類の福祉の向上に向けて貢献すべきである。また、私達は、そのために、専制と隷従、圧迫と偏狭を地上から永遠に除去しようと努めている国際社会との協調及び共存を図らなければならない。

ここに、私達は、日本国憲法及び国際連合憲章の精神にのっとり、平和創造の基本理念を明らかにしてその方向性を示し、及び日本国憲法の下で創設されかつ維持されてきた自衛隊の役割を確認することにより、日本国及び日本国民の安全を保つとともに、国際の平和及び安全を維持するため、この法律を制定する。

第一　総則

1　目的

この法律は、平和創造に関し、基本理念を定め、及び国の責務を明らかにするとともに、基本理念の実現を図るための基本的施策、平和創造基本計画その他の基本となる事項を定めることにより、平和創造に関する施策を総合的かつ計画的に推進し、もって国及び国民の安全を保つとともに、国際の平和及び安全の維持のための努力に積極的に寄与することを目的とすること。

2　定義

この法律において「平和創造」とは、国際の平和及び安全の維持に関する国際協力の推進並びに専守防衛を旨とするわが国の防衛を通じたわが国による国際の平和の創造をいうものとすること。

3　基本理念

(1) 国際的協調の推進、人間の安全保障の確立等を通じた平和的生存権の保障

平和創造に関する施策の推進は、日本国憲法の平和主義及び国際協調主義の理念を踏まえ、国際的協調の下に、世界の軍事的対立の発生を阻止し、東アジア地域その他の地域の諸外国との平和的共存を図るとともに、人間の生存及び生活に対する様々な脅威を除去することにより、世界の人々が平和のうちに生存する権利を保障することを旨として、行われなければならないものとすること。

(2) 非軍事的手段による国際社会における緊張関係の発生の防止

平和創造に関する施策の推進は、関係国の間の安全保障に関する協議の場の構築、軍備管理又は軍縮のための国際的な取組の積極的な推進その他の非軍事的手段により国際社会における緊張関係の発生の防止を図ることを旨として、行われなければならないものとすること。

（3）専守防衛

わが国の防衛は、日本国憲法の平和主義の理念を踏まえ、専守防衛に徹し、わが国が諸外国に軍事的な脅威を与える国とならないことを旨として、行われなければならないものとすること。

（4）国際の平和及び安全の維持のための努力への寄与

平和創造に関する施策の推進は、国際連合を中心とする国際の平和及び安全の維持のための努力に積極的に寄与することを旨として、行われなければならないものとすること。

（5）民主的統制の確保等

平和創造に関する施策の推進は、国民主権の理念にのっとり、わが国の防衛並びに国際の平和及び安全の維持に関する国際協力（以下「防衛等」という。）に関する正確な情報が国民に最大限提供されるとともに、防衛等に関する重要な事項については、民主的統制の観点から国会の関与が保障されることを旨として、行われなければならないものとすること。

4　国の責務

（1）施策の策定及び実施

国は、3の基本理念にのっとり、平和創造に必要な施策を策定し、及び実施する責務を有するとともに、その策定及び実施に当たっては、日本国憲法の保障する国民の自由と権利が最大限に尊重されなければならないものとすること。

（2）地方公共団体等との協力

国は、平和創造に必要な施策の策定及び実施に当たっては、【国に対する要望等により示された住民の意思を最大限に尊重しつつ、】地方公共団体及び公共的機関の協力を得るよう努めるものとすること。

（3）国民生活に及ぼす影響についての考慮

国は、平和創造に必要な施策の策定及び実施に当たっては、国民が安心して暮らすことのできる生活環境の実現が図られるよう、国民生活に及ぼす影響を十分に考慮する責務を有するものとすること。

第二　国際的協調及び諸外国との平和的共存を図るための基本的施策

1　通則

（1）外交上の努力の推進等

政府は、わが国の平和と独立並びに国及び国民の安全を確保するとともに、国際の平和及び安全の維持に資するために必要な外交上の努力を最大限に尽くさなければならないものとすること。

（2）軍縮の推進等

①政府は、核兵器その他の大量破壊兵器及び地雷、クラスター弾その他の非人道的な兵器の削減及び廃絶その他の世界的な軍縮を積極的に推進するものとすること。

②わが国においては、核兵器その他の大量破壊兵器は、製造せず、保有せず、及び持ち込ませないものとすること。

③わが国においては、武力紛争を助長させることとなる武器及び武器の生産技術の輸出並びに外国との共同

の研究及び開発は、認めないものとすること。

④政府は、宇宙空間の利用に当たっては、第一・3・⑶の基本理念にのっとりこれを行わなければならないものとすること。

（3）国際連合の集団安全保障への寄与

①政府は、国際連合が行う国際の平和及び安全の維持又は回復を図るための活動に積極的に協力するものとすること。

②①の協力は、武力による威嚇又は武力の行使に当たるものであってはならず、また、武力の行使と一体化するようなものではあってはならないものとすること。

③①の協力を実施する場合における武器の使用は、自己又は自己の管理の下にある者の生命又は身体を防衛する等自然権的権利を保護する場合に限りなされるものとすること。

2　国際的協調及び諸外国との平和的共存の推進

（1）人間の安全保障の確立

政府は、世界的な人口増加、経済発展、生活向上等に伴い顕在化し、又はそのおそれが生じている気候変動、疾病、貧困、エネルギー不足、食糧不足、水不足その他の人間の生存及び生活に対する様々な脅威を除去するための国際協力を積極的に推進するものとすること。

（2）政府開発援助の適正な実施

政府は、政府開発援助を通じ国際的協調及び諸外国との平和的共存を図るため、これを積極的かつ効果的に実施するとともに、いやしくも軍事的用途への転用又は国際紛争の助長につながることのないようにするため、必要な措置を講ずるものとすること。
（3）災害救助機能を有する専守防衛の実力部隊の整備の推進
政府は、災害救助機能を有し専守防衛を旨として活動する実力部隊に係る国際的な法制の整備を推進するとともに、当該実力部隊の有用性に対する理解を諸外国に広めるよう努めるものとすること。
（4）核兵器の原材料の国際的管理の推進
政府は、プルトニウムその他の核兵器の原材料を国際的に管理するための国際的な取組を積極的に推進するものとすること。
（5）国際連合の活動に対する協力の推進
①政府は、日本国憲法の国際協調主義の理念に基づき、国際連合待機制度等について積極的な対応を行うものとすること。
②政府は、日本国憲法の国際協調主義の理念に基づき、安全保障理事会の改革、国際司法裁判所の強化、平和構築委員会の活動への協力、国連緊急平和部隊（ＵＮＥＰＳ）構想の推進、国連難民高等弁務官の活動への協力、国際連合の活動を担う人材の提供等を推進することにより、国際連合の機能の強化のための取組に積極的に貢献するものとすること。
3　東アジア地域における信頼関係の構築等
（1）東アジア地域の諸国間の国際相互理解の増進
政府は、東アジア地域の諸国間の国際相互理解の増進を図るため、東アジア地域の諸国間の文化、歴史等に関する交流の促進その他の必要な措置を講ずるものとすること。

（2）東アジア地域における信頼醸成措置の推進

政府は、東アジア地域における偶発的な武力紛争を防ぐため、当該地域の諸国間における安全保障に関する情報の交換、防衛当局者間の連絡体制の構築、事態の緊迫化を避けるための共通の行動慣習の形成その他の信頼醸成措置の推進その他の必要な措置を講ずるものとすること。

（3）北東アジア地域における安全保障体制の構築

政府は、北東アジア地域における安全保障体制の構築を図るため、同地域の諸国又は当該諸国を含む東アジア地域の諸国及びアメリカ合衆国との連携の下に国際連合憲章第52条に規定する地域的取極又は地域的機関であって北東アジア地域における平和の維持を目的とするものの締結又は設立のための取組の推進その他の必要な措置を講ずるものとすること。

（4）日米安全保障条約に基づく安全保障体制の堅持

日米安全保障条約に基づく安全保障体制は、日本区域における国際の平和及び安全の維持のため十分な定めをする国際連合の措置が効力を生じ、又は(3)の北東アジア地域における安全保障体制が確立するまでの間、堅持するものとすること。

4　安全保障に関する情報の取扱いの適正化

国は、わが国の安全保障政策が国民に対する正しい情報の提供及び国民の理解に基づいて推進されることが極めて重要であることに鑑み、安全保障上の理由により国民の知る権利を制限する必要がある場合には、当該制限が安全保障上必要最小限のものであることを確保するため、国際社会における先進的な取組を参酌しつつ、安全保障上特に保護されるべき情報の指定及び解除等に関する具体的かつ明確な基準の設定、国会及び専門的知見を有する独立性の高い機関等による効果的な監視の推進その他の必要な措置を講ずるものとすること。

第三　自衛権及び自衛隊

1　自衛権

（1）自衛権の発動の要件

自衛権の発動は、わが国に対する急迫不正の侵害があり、これを排除するために他に適当な手段がない場合に限り、なされるものとすること。

（2）自衛権の発動としての武力の行使の限度

自衛権の発動としての武力の行使は、必要最小限度にとどまらなければならないものとすること。

（3）集団的自衛権の不行使

国際連合憲章第51条に規定する集団的自衛の固有の権利は、行使しないものとすること。

2　自衛隊

（1）自衛隊の保持及びその任務

①わが国は、わが国の平和と独立を守り、国及び国民の安全を保つため必要最小限度の防衛力として、わが国を防衛することを主たる任務とする自衛隊を保持するものとすること。

②自衛隊は、わが国の防衛のための必要最小限度を超える実力を保持してはならないものとすること。

③自衛隊は、必要に応じ、天災地変その他の災害に際して人命又は財産の保護を行うものとすること。

④自衛隊は、特に必要があると認められるときに限り、公共の秩序の維持【及び沿岸の警備】に当たるもの

とすること。
⑤自衛隊は、①の主たる任務の遂行に支障を生じない限度において、別に法律で定めるところにより、次に掲げる活動を行うことができるものとすること。この場合において、武器の使用は、第二・1・⑶・③の例により行われるものとすること。
（ⅰ）わが国周辺におけるわが国の平和及び安全に重要な影響を与える事態に対応して行うわが国の平和及び安全の確保に資する活動
（ⅱ）国際連合を中心とした国際平和のための取組への寄与その他の国際協力の推進を通じてわが国を含む国際社会の平和及び安全の維持に資する活動
⑥⑤（ⅱ）のほか、自衛隊は、海外における大規模な災害に際し、当該災害を受け、若しくは受けるおそれのある国の政府又は国際機関の要請に応じ、国際緊急援助活動等を行うものとすること。
（2）自衛隊の整備及び民主的統制
①国は、防衛力の整備に当たっては、できる限り抑制的な姿勢で臨むものとすること。
②自衛隊の定員、予算、編成、装備、行動等自衛隊に関する重要な事項については、国会の関与が保障されなければならないものとすること。
③内閣総理大臣は、内閣を代表して自衛隊に対する最高の指揮監督権を有するものとすること。
④内閣総理大臣は、防衛大臣の任命に当たっては、日本国憲法第66条第2項（大臣の文民規定）の趣旨に十分に配慮するものとすること。
⑤防衛大臣は、内閣総理大臣の指揮監督の下、自衛隊の隊務を統括するものとすること。この場合において、防衛大臣は、自衛隊の隊務の基本的事項について、内部部局の文官の補佐を受けるものとすること。

（3）自衛隊員

①何人も、自衛隊員となることを強制されないものとすること。

②政府は、自衛隊の活動が厳しい環境の下で行われるものであることに鑑み自衛隊員の人権が十分に尊重されるとともに、自衛隊員の間において国民の権利に対する正しい認識が共有されるよう、必要な措置を講ずるものとすること。

3　わが国に対する武力攻撃に当たらない侵害が発生した事態への対処

（1）武力紛争の回避

政府は、わが国に対する武力攻撃に当たらない侵害が発生した事態においては、当該侵害への対処が関係国との武力紛争に至ることのないよう、当該関係国と密接に連絡する等万全の対応をするものとすること。

（2）警察等による対処

①の侵害については、警察及び海上保安庁（以下「警察等」という。）による対処を基本とするものとすること。

（3）警察等と自衛隊との連携の確保等

①の侵害への警察等による対処が困難な場合に備え、警察等と自衛隊との連携を確保するものとすること。ただし、自衛隊による対処は、警察等による対処が困難な場合に限るものとすること。

第四　緊急に講ずべき措置

1　北東アジア地域における軍事的衝突の未然防止等のための体制の構築

政府は、北東アジア地域における軍事的な衝突を未然に防止し、及び衝突が発生した場合に紛争の拡大を防止するための体制の構築を緊急に図るものとすること。

2　軍事施設の近隣住民の負担の軽減

政府は、日米安全保障条約に基づきアメリカ合衆国の軍隊がわが国に駐留することにより生じ、又は生じるおそれのある当該軍隊の施設の近隣住民の負担が軽減されるよう、必要な措置を緊急に講ずるものとすること。

3　日米地位協定の見直し

政府は、日米地位協定について、わが国の法令の遵守、定期的なアメリカ軍施設の使用計画の見直し、同軍の兵士である被疑者の拘禁のわが国の施設での実施等の実現のために必要な措置を緊急に講ずるものとすること。

第五　平和創造基本計画

1　政府は、平和創造に関する施策の総合的かつ計画的な推進を図るため、平和創造に関する基本的な計画（以下「平和創造基本計画」という。）を定めなければならないものとすること。

2　平和創造基本計画は、次に掲げる事項について定めるものとすること。

（1）平和創造に関する施策についての基本的な方針

（2）国際の平和及び安全の維持に関する国際協力の推進に関する施策を総合的かつ計画的に推進するために必要な事項

（3）専守防衛を旨とするわが国の防衛に関する施策を総合的かつ計画的に推進するために必要な事項

（4）その他平和創造に関する施策を総合的かつ計画的に推進するために必要な事項

3　内閣総理大臣は、平和創造会議の議を経て、平和創造基本計画の案を作成し、閣議の決定を求めなければならないものとすること。閣議の決定があったときは、遅滞なく、これを国会に報告するとともに、公表しなければならないものとすること。

4　政府は、わが国及び関係国を巡る情勢の変化を勘案し、少なくとも5年ごとに、平和創造基本計画に検討を加え、必要があると認めるときには、これを変更しなければならないものとすること。

5　3は、平和創造基本計画の変更について準用するものとすること。

第六　平和創造会議の設置に関する基本方針

1　別に法律で定めるところにより、内閣に、平和創造会議を設置するものとすること。

2　平和創造会議は、次の事項について審議し、必要に応じ、内閣総理大臣に対し、意見を述べるものとすること。

（1）平和創造基本計画

（2）平和創造に関する施策の基本方針

（3）軍縮の推進のための施策に関する重要事項

（4）政府開発援助の適正な実施のための施策に関する重要事項

（5）国防の基本方針、防衛計画の大綱その他のわが国の安全保障に関する基本方針及び重要事項

（6）（3）から（5）までに掲げる事項以外の平和創造に関する施策に関する重要事項

3　平和創造会議は、次に掲げる者をもって組織するものとすること。

（1）議長（内閣総理大臣をもって充てるものとすること。）

(2) 副議長（内閣官房長官及び平和創造担当大臣（内閣総理大臣の命を受けて、平和創造に関する施策に関し内閣総理大臣を助けることをその職務とする国務大臣をいう。）をもって充てるものとすること。）

(3) 議員（議長及び副議長以外の全ての国務大臣をもって充てるものとすること。）

4 国家安全保障専門委員会の設置

(1) 平和創造会議に、国家安全保障専門委員会を設置するものとすること。

(2) 国家安全保障専門委員会は、2(5)に掲げる事項の審議を迅速かつ的確に実施するため、必要な事項に関する調査及び分析を行い、その結果に基づき、平和創造会議に進言するものとすること。

5 政府は、1から4までの基本方針に基づき、この法律の施行の日までに、平和創造会議を設置し、及び国家安全保障会議を廃止することができるよう法制上の措置を講ずるものとすること。

第七 その他

1 施行期日

この法律は、○○から施行するものとすること。ただし、第六・5の規定は、公布の日から施行するものとすること。

2 関係法令の整備

この法律の制定に伴い必要となる関係法律の改正を行うほか、この法律の目的を達成するため必要な法令の制定又は改正を政府に義務付けるものとすること。

平岡秀夫

プロフィール

1954年山口県生まれ。1976年大蔵省（現在の財務省）に入省、財政、税務、金融、ODAなど幅広い行政を経験。内閣法制局参事官としても、住専処理法、日本版金融ビッグバン関係法（銀行法、証取法、外為法等の改正法）、新日本銀行法、WTO（世界貿易機構）加盟整備法、地方消費税法など多くの重要法案の整備に関わる。

2000年6月に佐藤栄作元総理の息子を破って衆議院議員となり、民主党核軍縮促進議員連盟（初代会長・岡田克也衆議院議員）の初代事務局長として北東アジア非核地帯条約の提案を行い、衆議院法務委員会の野党筆頭理事として共謀罪の成立を阻止した。

内閣府副大臣兼内閣官房国家戦略室長として菅直人政権の「新成長戦略」や「財政運営戦略」の策定を指揮し、総務副大臣として「光の道」構想に道筋をつけると共に、電波オークション答申を取りまとめる。

法務大臣として、死刑制度についての国民的議論を呼び掛けると共に人権委員会設置法案を取りまとめる。また、民主党「脱原発ロードマップを考える会」の事務局長として「脱原発ロードマップ第１次提言」と「脱原発基本法案」を取りまとめた。

2012年12月に安倍晋三総理の弟・岸信介元総理の孫に敗北。現在、弁護士として活動中。

「リベラル日本」の創生
アベノポリシーへの警鐘

[illegible] 第1刷発行

著者 [illegible]
発行人 [illegible]
編集 [illegible]
営業 [illegible]
協力 [illegible]
発行所 株式会社ほんの木
[illegible]
TEL 03-3291-3011 FAX 03-3291-[illegible]
郵便振替口座 00120-4-251523 加入者名 ほんの木
http://www.honnoki.co.jp E-mail info@honnoki.co.jp

印刷 中央精版印刷株式会社

ISBN 978-4-7752-0091-9